Frédérique Guéret

# Leuchtende Fenstersterne

*Transparente aus Seidenpapier*

*Frédérique Guéret*

# Leuchtende Fenstersterne

## *Transparente aus Seidenpapier*

*Verlag Freies Geistesleben*

Frédérique Guéret, geb. 1949 in Aix-les Bains, Frankreich, war bis 1980 in einer Pariser Werbeagentur tätig. Danach lebte sie in Nürnberg, später in Stuttgart, wo sie eine Mal- und Zeichenausbildung absolvierte. Aus ihren vielseitigen Interessen heraus entwickelte sie eine eigene, lebendige Methode in der Faltkunst mit Seidenpapier. Einige ihrer besonderen Farbtransparente veröffentlichte sie in ihren beiden ersten Büchern, *Strahlende Sterne (1999)*, *Zauberhafte Fenstersterne (2002)*.

1. Auflage 2005

**Verlag Freies Geistesleben**
Landhausstraße 82
70190 Stuttgart
Internet: www.geistesleben.com

ISBN 3-7725-2275-0


Umschlag & Layout: Bianca Bonfert
Zeichnungen: Frédérique Guéret
Fotos: Louis Marie Guéret
Druck: EGEDSA S.A., Sabadell

# Inhalt

# Vorwort

Eindrucksvolle Seidenpapiertransparente strahlen am Fenster eine eigentümliche, fast mysteriöse Stimmung aus. Erst der Farbenglanz, dann aber auch die besondere Formkraft ziehen den Blick des Betrachters wie magisch an. Ein Augenblick des Staunens, ein stiller Moment der Bewunderung machen sich in der Seele geltend. Das Gefühl einer harmonischen Einheit zwischen Form und Farbe entsteht und lässt kaum noch ahnen, dass dieses vergängliche Gebilde aus mehreren gefalteten Schnitten zusammengesetzt wurde. Vielleicht taucht dann die Frage auf: Wie kommt solch ein kleines, zartes Wunderwerk zustande?

Durch die Wirkung des flutenden Sonnenlichtes erscheint ein faszinierendes Linien- und Facettenspiel zwischen Formen und Farben. Und immer wieder entdeckt man etwas Neues an diesen leuchtenden Faltornamenten, weil die feinen geometrischen Strukturlinien sich ständig durchdringen. Man könnte sogar meinen, dass manche Transparente imstande sind, sich leicht zu bewegen, obwohl sie am Fenster fixiert sind.

Seidenpapiertransparente regen also die schöpferische Phantasie des Betrachters an. Ist es ein funkelnder Stern, der am Horizont aufsteigt? Oder ist es ein Sonnenball, der, seine Wärme spendend, langsam herumkreist? Ist es jetzt vielleicht ein erstarrter Schneekristall aus kühl bläulichem Filigran? Oder schwebt hier eine vom Wind getragene Blüte heran? Oftmals scheint aber auch ein zarter Stern durch einen ziselierten Kristall hindurch. Oder es offenbart sich eine Blüte im Herzgewebe einer Sonne. Unerschöpflich wirkungsvoll sind hier die Metamorphosen. Die vier Jahreszeiten werden poetisch angesprochen und spiegeln sich immer wieder neu durch das lichte Wechselspiel solcher Transparente.

Die Freude an dieser stillen und kreativen Falttätigkeit wird schon erweckt, wenn das geschmeidige Papier leise knisternd, angenehm durch die Finger gleitet. Lassen Sie sich nun durch die genauen Schritt-für-Schritt-Anleitungen führen, deren übersichtliche und präzise Zeichnungen nur scheinbar kompliziert aussehen. Es liegt jedem Transparent ein lebendiger und logischer Faltprozess zugrunde. Exaktes Falten und die innere Ruhe werden Sie sicher zu einem befriedigenden Ergebnis bringen.

Nach den zwei erfolgreichen bereits erschienenen Werken «Strahlende Sterne» (1999 vergriffen) und «Zauberhafte Fenstersterne» (2002), bietet das jetzige Buch eine Anzahl neuer Modelle, deren Ausgangsformen überwiegend aus rechteckigen Schnitten gewonnen werden. Zudem werden Sie andere Erfindungen und Variationen beim Falten ausprobieren können, die die kreativen Möglichkeiten dieser Faltkunst erweitern und bereichern. Also keine Langweile!

Neben den wertvollen praktischen Erlebnissen, die man beim Falten mit Seidenpapier erfahren kann, sollte der therapeutische Aspekt natürlich nicht außer Acht gelassen werden. Die beruhigende oder die innerlich anregende und wohltuende Wirkung, die von einer solchen transparenten Farbharmonie ausgeht, fügt sich zu der rein dekorativen Fensterstimmung hinzu und kann wie eine stille Heilquelle der Freude und der Lebenskraft wirksam werden.

Mögen diese neuen Transparente Sie durch das Jahr und die dazugehörigen Jahresfeste weiterhin begleiten und Besucher und Freunde ebenso begeistern.

*Frédérique Guéret*

## Benötigtes Material

Um diese eindrucksvollen Farbspiele aus Papier zu gestalten, brauchen Sie nur wenig Material.
Das ***Seidenpapier*** – auch Blumenseide genannt – ist extrem lichtdurchlässig. Es wird im üblichen Standardformat 50 x 70 cm in Einzelblättern oder als Set angeboten.
Vorsichtshalber sollten Sie immer prüfen, ob Ihre Blattgröße mit diesem Ausgangsformat übereinstimmt. Ist sie doch etwas länger, so reduzieren Sie sie auf 70 cm. Es ist für ein bequemes Zuschneiden der Schnitte ohne extra Ausmessungen entscheidend. Die Farbskala ist reich, je nach Hersteller werden Sie feine Unterschiede sowohl an der Papierdurchsichtigkeit als auch an den farbigen Nuancen feststellen können. Es empfehlen sich vor allem die helleren Farben, sowohl die kalten als auch die warmen Abstufungen.
Um zusätzliche farbige Effekte zu erzielen, lesen Sie das Kapitel «Wie Sie das Seidenpapier beleben können», Seite 11.
Für das Zuschneiden der Faltbögen und der einzelnen Schnitte brauchen Sie ein ***Messer*** mit langer und spitz zulaufender Klinge. Es ist auch ein wichtiges Hilfswerkzeug, um beim Faltprozess feinere Falten zu bilden und zu glätten. Um einige besondere Falten sauber und vorsichtig aufzuschlitzen, brauchen Sie eine nackte ***Rasierklinge***, die sie ganz flach verwenden können. Cutter oder andere Schneidewerkzeuge sind dafür nicht geeignet.
Nehmen Sie als Unterlage einen hellen, kräftigen ***Karton*** und für das Zusammensetzen der einzelnen Schnitte eine glatte, durchsichtige ***Plastikfolie*** im Format A3.
Ferner brauchen Sie flüssigen ***Bastelkleber***, der transparent trocknet.
Für ein sauberes, gezieltes Auftragen des Klebstoffs auf die angegebenen Stellen und für das Zusammenfügen der fertig gefalteten Strahlen benutzen Sie am besten einen langen ***Holzspieß***. Nach mehrfacher Verwendung können Sie ihn mit dem Messer wieder spitzen.
Für das Aufkleben der Transparente an der Fensterscheibe ist ein einseitiger, durchsichtiger ***Klebefilm*** von schmaler Breite (12 mm) besonders geeignet.
Eine ***Schere*** werden Sie eventuell für das Zuschneiden der dreieckigen Schnitte brauchen, ein ***Lineal*** nur zum Nachprüfen.
Für die stimmungsvolle Steigerung der Farben nehmen Sie einen ***Pinsel*** von mittlerer Größe, einen kleinen ***Schwamm*** und einen ***Föhn*** zum schnellen Trocknen. Nehmen Sie je nach Wunsch ***Aquarellfarben*** in Näpfchen oder flüssige Wasserfarben im Glas, (z.B. ***Tusche*** Ecoline).

## Zeichenerklärung

| | |
|---|---|
| * | Sehr einfach zu falten |
| ** | Einfach zu falten, braucht aber mehr Aufmerksamkeit |
| *** | Weiterhin einfach zu falten, aber besonders zusammengesetzt |
| **** | Braucht mehr Fingerspitzengefühl |
| ***** | Außerordentlicher Faltvorgang |
| Ø | = Umfanggröße der fertigen Transparente |
| (Z) | = Zentrum, und Klebepunktstelle für das Zusammensetzen |
| (S) | = Spitze der Strahlen |
| ○ | = Klebepunkt |
| ◌ | = Klebepunkt zwischen Grund und erster Papierlage |
| ⊙ | = Wichtiger Orientierungspunkt und Klebepunkt zwischen zwei Schnitten für eine besondere Art des Zusammensetzens |

= Die Pfeilrichtung deutet auf den Faltvorgang hin

= Falten und wieder öffnen (Vorbereitungsfalte für eine Hilfslinie)

= Umkehren des ganzen Schnitts zwischen zwei Faltvorgängen

= Herausziehen einer Faltung für einen besonderen Lichteffekt

= Mit dem Messerrücken glätten

= Mit dem Messer oder mit der Rasierklinge teilen

= Mit dem Zeigefinger drücken, für die «Trichterfalte»

## Wie Sie das Seidenpapier beleben können

Eine richtige Auswahl der Farbe ist wichtig, um die Musterwirkungen der Transparente zu betonen. Ein helles Orange, ein helles Rosa, ein helles Blau sowie ein helles Grün verleihen von sich aus einen sehr schönen Kontrast zwischen Licht und Schatten. Je mehr man zu intensiveren Farben greift, entsteht, obgleich die Konturlinien kräftig bleiben, eine gewisse Flachheit oder eine Übersättigung bei der Ausstrahlung. Dies gilt ganz besonders für die Rot, Blau- und Violett-Töne. Der Wunsch nach einer Belebung der Farbe kann dann deutlich spürbar werden.

In dem Einführungstext zu jedem Transparent werden Sie mehrere Beispiele mit praktischen Hinweisen finden, wie Sie einem Stern oder einer Sonne, einem Kristall oder einer Blume eine bestimmte, quasi individuelle Stimmungssteigerung verleihen können.

Das einfachste Verfahren besteht darin, dass Sie die Aufhellung einer Farbe bewirken, bevor das Seidenpapierblatt zugeschnitten wird. Dafür legen Sie Ihr Blatt flach auf einen Fliesenfußboden und probieren folgendes aus:

Wollen Sie eher einen feinen ***Tropfeneffekt*** auf dem Papier erreichen, so können Sie mit einem nassen Pinsel hier und da sanft darüber sprengen. Um größere Flecken zu bekommen, können Sie das Blatt leicht mit Wasser besprengen, indem Sie den Pinsel kräftiger ausschütteln. Einen mehr ***wolkigen Effekt*** können Sie mit einem kleinen befeuchteten Schwamm erzielen. Möchten Sie eine sehr ***intensive Marmorierung*** bekommen, so drücken Sie kräftig aber regelmäßig einen nassen Schwamm über das Blatt so, dass das Wasser richtig herunterplatscht. Die großen Wasserflecken dehnen sich dann aus. Hier und da können Sie gleich mit dem ausgepressten Schwamm einige Stellen noch ausgleichen und die übermäßige Feuchtigkeit wegsaugen.

Eine ***mehrfarbige Marmorierung*** kann in ähnlicher Weise erzielt werden, indem Sie das gewählte farbige Blatt – es kann aber auch ein weißes Blatt sein – unter ein andersfarbiges Seidenpapierblatt legen und somit beide Blätter mit dem Schwamm zusammen behandeln, wie eben geschildert wurde. Sie können aber auch das gewählte Blatt zwischen zwei verschieden farbige Blätter legen und so die drei Blätter zusammen mal auf einer Seite, mal auf der anderen Seite mit Wasser besprengen.

Dadurch gewinnen Sie zugleich mit den anderen Hilfsblättern weitere fertige Farbnuancen für ein späteres Transparentprojekt.

Unmittelbar nach diesen Improvisationen wird das nasse Papier mit dem Föhn getrocknet. Heben Sie Ihr Papier erst hoch, wenn es ganz trocken ist. Vergessen Sie nicht, den Steinboden gleich anschließend mit klarem Wasser zu reinigen. So vermeiden Sie, dass das Seidenpapier Farbspuren hinterlässt.

Eine weitere dekorative Bereicherung ergibt sich durch die zusätzliche ***zarte Färbung*** des Papiers. In diesem

Fall tauchen Sie den leicht angefeuchteten Schwamm in ein Aquarellnäpfchen bzw. Aquarelltusche wie Ecoline und betupfen Sie stufenweise die Stellen, die Sie herausarbeiten wollen. Sie können auch nach einander mehrere Farbtöne anwenden.
Bei all diesen besonderen Verfahren wird das Papier sich leicht wellen und Millimeter weise etwas einziehen. Nach dem schnellen Trocknen mit dem Föhn glätten Sie das Blatt mit den Händen so flach wie möglich. Die restlichen willkürlichen Falten können Sie problemlos beseitigen, indem Sie das Seidenpapierblatt trocken oder mit Wasserdampf sorgfältig bügeln.
Wenn Sie ein wenig Übung mit dem normal belassenen Papier gewonnen haben, so werden Sie über die kleinen Unregelmäßigkeiten, die bei diesen Varianten entstehen, leicht hinweggehen können. Der Durchmesser solcher bearbeiteten Transparente wird natürlich durch die Behandlung etwas kleiner als angegeben.

## Zuschneiden des Seidenpapiers

Haben Sie sich eine bestimmte Farbe für Ihr Transparent ausgesucht, dann können Sie mit der Vorbereitung des Seidenpapierbogens beginnen. Falten Sie zuerst das gesamte Blatt (im üblichen Standardformat 50 x 70 cm) und teilen Sie es mit dem Messer in zwei bzw. in vier, wenn Sie ein Viertelblatt brauchen (siehe Schnittvorlagen Seite 12). Achten Sie, bevor Sie das Papier durchschneiden, immer darauf, dass die Kanten ganz genau übereinander liegen. Dann, je nach Schnittangabe, teilen Sie weiter.
Bei dieser einfachen Methode fällt jegliches Ausmessen mit dem Lineal weg. Die genannten Maßangaben ergeben sich von selbst und dienen nur einer eventuellen Eigenkontrolle.

Grundform und Anzahl der benötigten Schnitte finden Sie gleich unter jedem Transparenttitel mit diesen Zeichen charakterisiert :

Sie haben auch die Wahl zwischen zwei bis eventuell vier Umfangsgrößen (ø).
Wenn Sie Anfänger in dieser Faltkunst sind, beginnen Sie erst mit einem Transparent * bis ** und wählen Sie lieber das mittelgroße Format.

## Schnittvorlagen

Für jeden Schnitt gibt es zwei Zeichnungen. Die obere Zeichnung geht vom Gesamtbogen (50 x 70 cm) aus. Sie zeigt Anzahl und Größe der verwendeten Einzelschnitte, die sich aus einem viertel oder aus einem halben oder aus einem ganzen Blatt ergeben. Die untere Zeichnung zeigt davon eine Vergrößerung des entsprechenden farbigen Schnitts mit den jeweiligen Maßangaben.
An und für sich sind diese genauen Maßangaben überflüssig, da sie sich eigentlich durch die Papierteilung von selbst ergeben. Sie stehen Ihnen nur als mögliche Kontrolle zur Verfügung.
Die Farbe der gebrauchten Schnitte vermittelt Ihnen einen leichten Überblick über die Ausgangsmuster.
Die notwendigen Schnittnummern für die Transparente werden je nach Umfangsgröße (ø) des fertigen Sterns immer zu Beginn jeder Beschreibung angegeben.

## Rechteckige Schnitte

Sie können verschiedene Größen haben und bis zu länglichen Streifen werden. Die Schnittnummern 1 bis 8 (Seite 14) ergeben sich einfach durch entsprechende mehrfache Teilung. Bei den länglichen Streifen (Schnittnummern 15 und 16) wird das viertel oder das halbe Blatt halbiert (rote Linie) und dann dreifach weiter gefaltet und geschnitten (Seite 15). Dieses dreiteilige Falten gleicht dem Faltvorgang eines Briefbogens. Mit Hilfe eines Lineals können Sie nachprüfen, ob die Falten gleichmäßig sind. Haben Sie beim ersten Versuch nicht ganz genau gefaltet, können Sie wieder problemlos nachkorrigieren, ohne dass es später zu optischen Beeinträchtigungen führt.

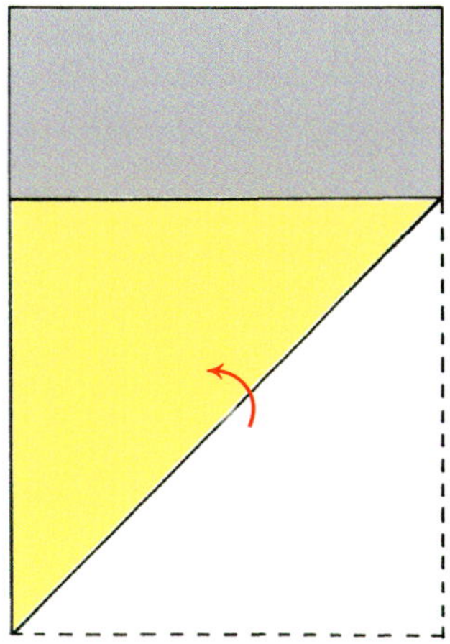

Zeichnung I

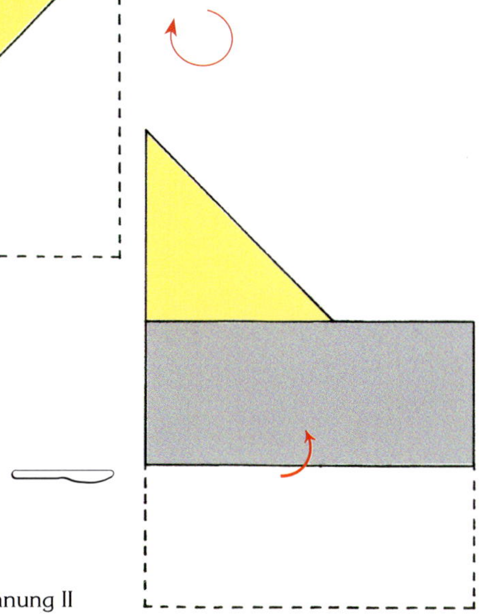

Zeichnung II

## Quadratische und dreieckige Schnitte

Es betrifft die Schnittnummern 9 bis 14 (Seite 15). Falten und schneiden Sie mit dem Messer ein halbes oder ein viertel Blatt nach den Zeichnungen I und II. Sie brauchen nur das große Viereck je nach Angabe als Ganzes, in vier oder sechzehn weiter zu teilen. Die schattierte Partie bleibt unbenutzt.
Die dreieckigen Schnitte lassen sich einfach durch Teilung eines Quadrats nach der Zeichnung III gewinnen. Nehmen Sie eventuell eine Schere zu Hilfe, wenn Anfang oder Ende der Diagonale sich nicht leicht anschneiden lassen.

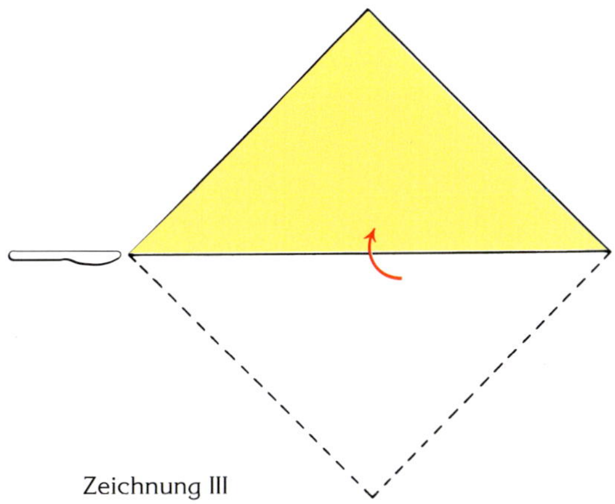

Zeichnung III

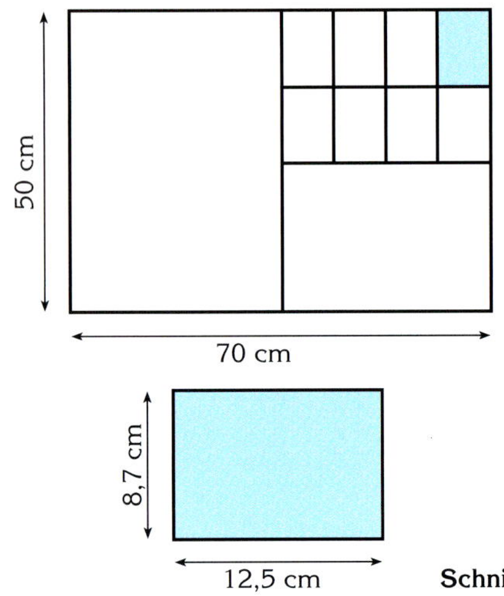

Schnitt 1

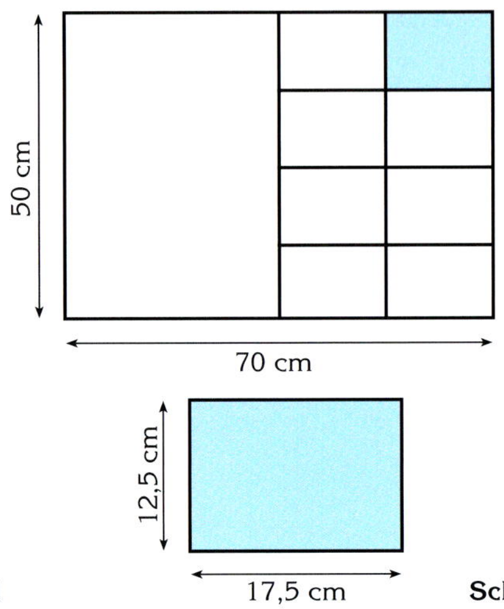

Schnitt 2

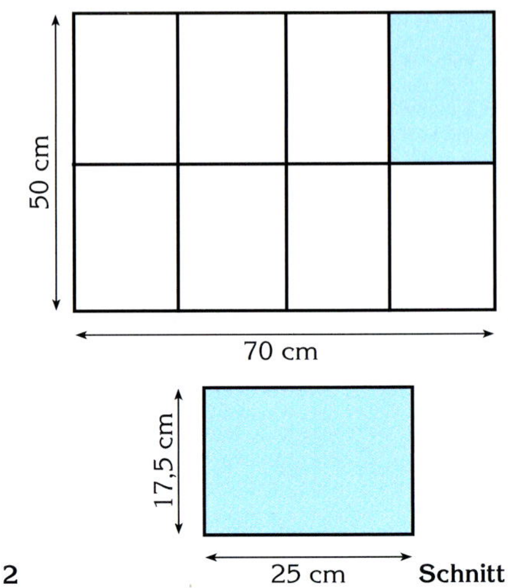

Schnitt 3

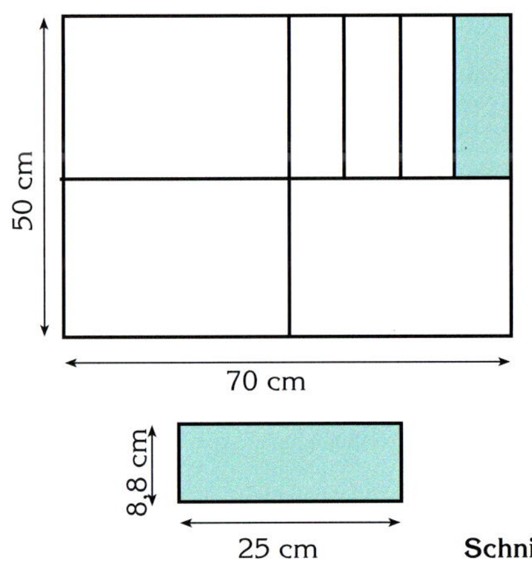

Schnitt 4

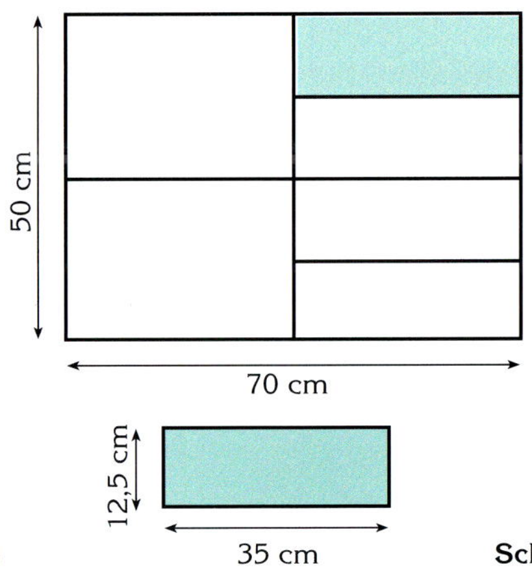

Schnitt 5

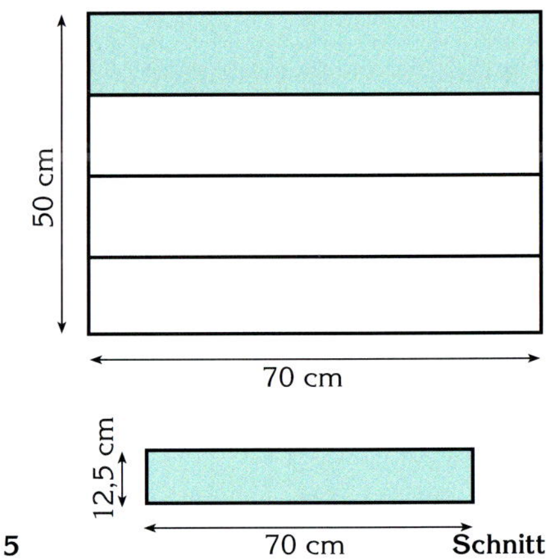

Schnitt 6

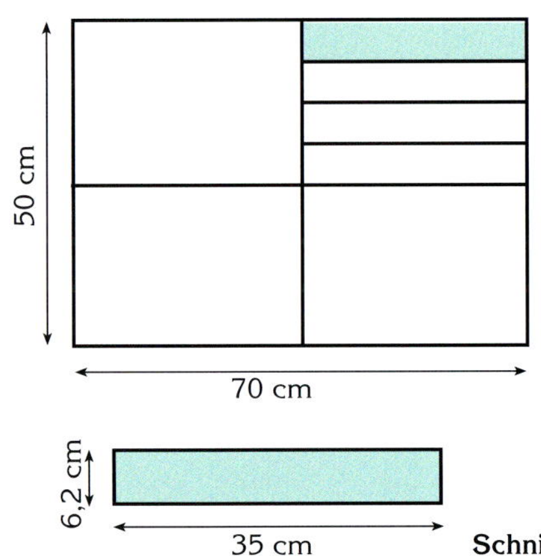

Schnitt 7

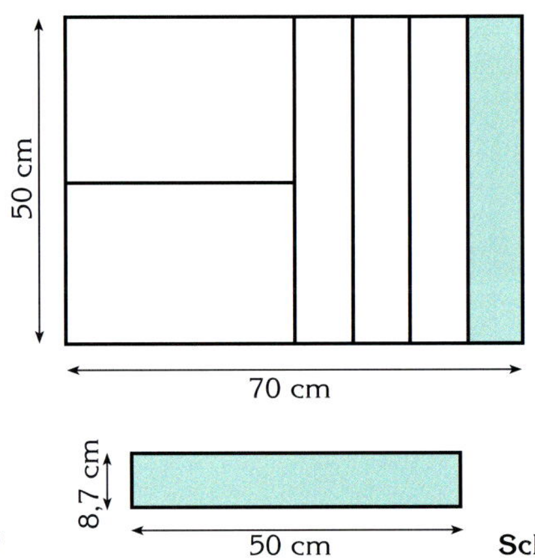

Schnitt 8

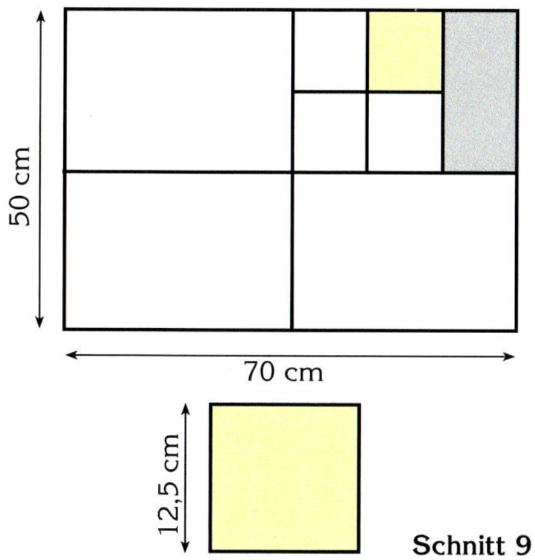


**Schnitt 9**

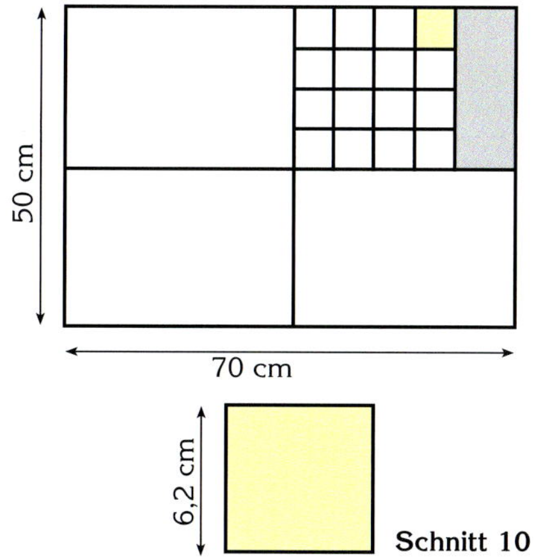


**Schnitt 10**

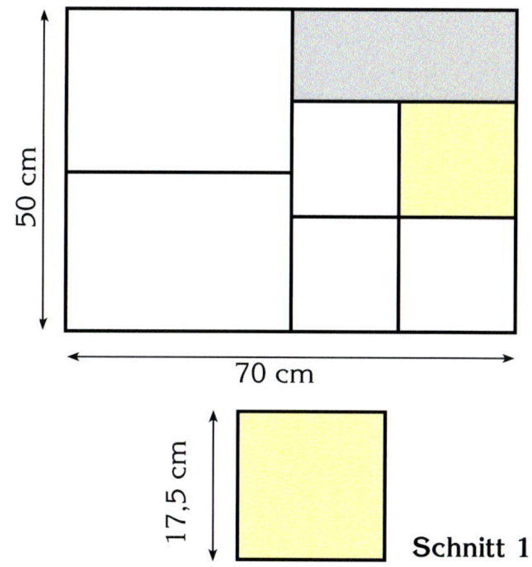


**Schnitt 11**

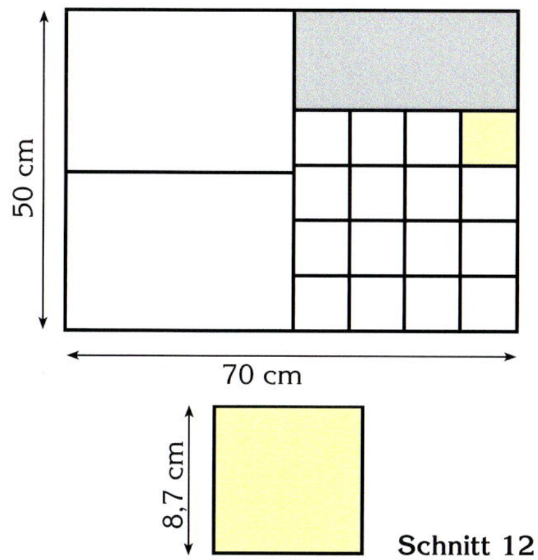


**Schnitt 12**

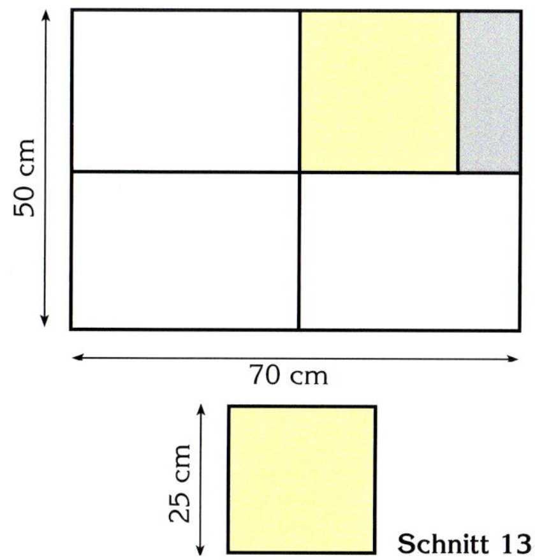


**Schnitt 13**

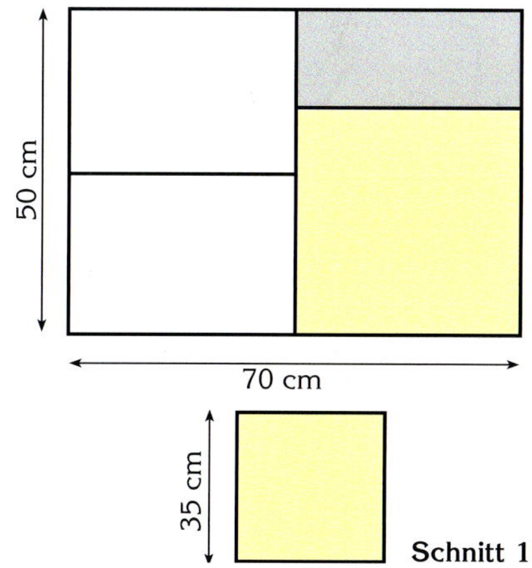


**Schnitt 14**

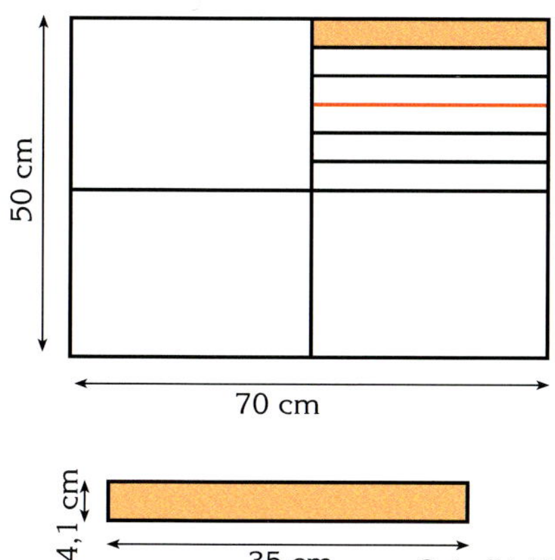


**Schnitt 15**

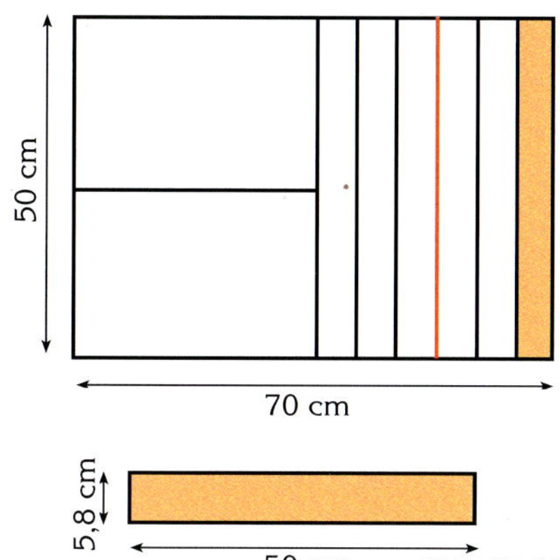


**Schnitt 16**

# Das Zusammensetzen der einzelnen Schnitte

Sind alle Schnitte fertig gefaltet, so kommt der spannende Moment, wo Sie sich einen Gesamteindruck bilden können. Legen Sie zuerst die Plastikfolie auf den Karton, bevor Sie mit dem Zusammensetzen beginnen. Die gefalteten Seiten der Schnitte müssen oben liegen. Dann werden sie im Uhrzeigersinn aneinandergereiht.

1.

## Transparente mit acht Strahlen

Legen Sie den ersten Schnitt flach mit dem Zentrum (Z) zu sich orientiert hin. Mithilfe des Holzstäbchens bringen Sie zwei sparsame Klebstoffpunkte auf die Kehrseite des zweiten Schnitts und zwar genau auf das Zentrum (Z) und an den rechten Winkel (Bild 1).
Fügen Sie nun die beiden Schnitte so zusammen, dass die Zentren aufeinander liegen. Gleichzeitig muss die linke Kante des zweiten Schnitts auf der Mittellinie des ersten liegen. So fahren Sie mit den folgenden fertigen Schnitten fort (Bild 2).

2.

Wenn der achte und letzte Schnitt geklebt werden soll, vergessen Sie nicht, die linke Kante des aller ersten darauf zu setzen. Dafür heben Sie diesen ersten Schnitt leicht hoch, um den letzten darunter zu schieben (Bild 3).

3.

Drehen Sie das Transparent vorsichtig um. Mit einigen Klebstoffpunkten oder -strichen befestigen Sie nun die Strahlen untereinander (Bild 4).
Bevor Sie Ihr fertiges Transparent im Licht bewundern können, werfen Sie einen Blick auf Seite 19 in das Kapitel: «So wird das Transparent am Fenster befestigt».

4.

## *Transparente mit sechzehn Strahlen*

Die Schnitte werden genauso wie bei den achtstrahligen Gebilden zusammengesetzt, weil der Stützpunkt auf der Mittellinie des vorigen Schnitts liegen muss. Achten Sie nur darauf, dass Sie die sechzehn fertigen Schnitte nicht zu eng aneinander reihen.

## Transparente mit fünf und sechs Strahlen

Das Prinzip des Zusammensetzens bleibt gleich. Da Sie sich jedoch nicht auf die Mittellinie des vorigen Schnitts stützen können, werden Sie sich mithilfe eines Diagramms orientieren müssen. Dafür vergrößern Sie mit einem Kopierer die nebenstehenden fünf- und sechsstrahligen Diagramme. Verlängern Sie die Linien mit einem roten Stift und legen Sie die kopierte Vorlage, die Sie brauchen, unter die Plastikfolie. Jetzt setzen Sie die Mittellinie der Schnitte exakt auf diese roten Linien, um problemlos einen fünfstrahligen Stern oder einen Schneekristall hervorzaubern zu können.

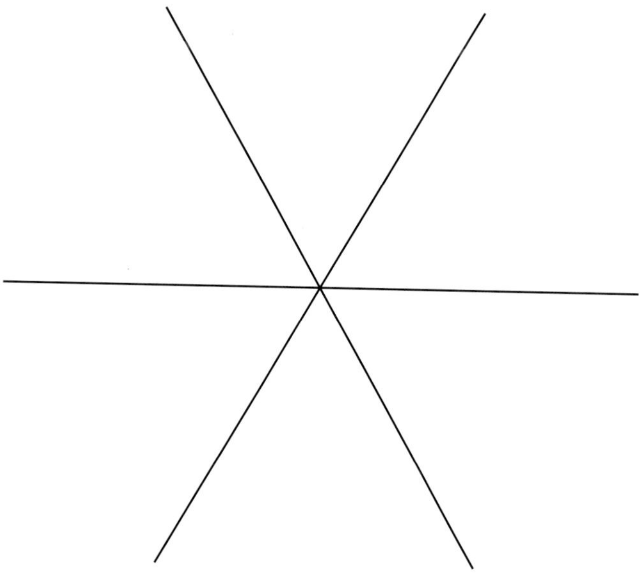

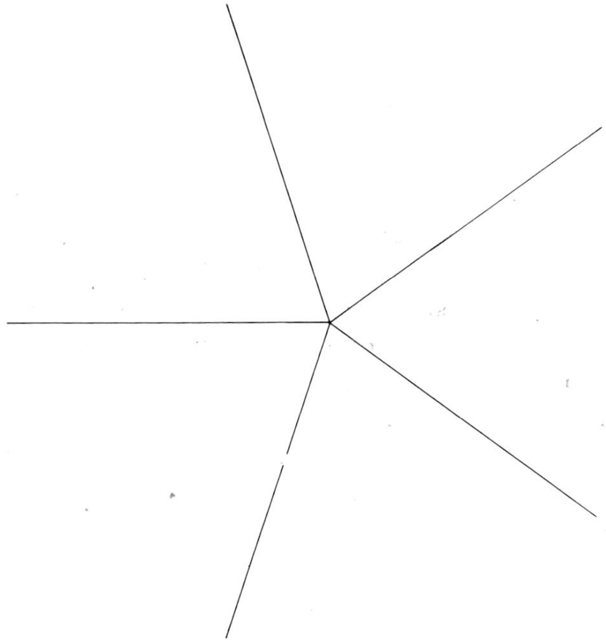

## Transparente mit drei, vier und elf Strahlen

Hier bieten die Mittellinien keine Hilfe mehr. Mit den Schritt-für-Schritt-Zeichnungen werden Sie aber eine Zusatzskizze mit der Angabe von einem Stützpunkt (evtl. Stützkante) finden. Dieser Orientierungs- und Klebepunkt ist dann der verborgene Schlüssel zum ganzen Aufbau.

## *So wird das Transparent am Fenster befestigt*

Die geheimnisvolle Struktur der Seidenpapiertransparente offenbart sich nur vollkommen, wenn diese an der Fensterscheibe befestigt sind. Erst wenn das Tageslicht sie durchflutet, zeigen sie ihre farbigen Strahlen und ihre lebendige Wirkung. Am besten leuchten alle Details auf, wenn Sie die glatte Rückseite auf die Scheibe legen. Bei den leicht dreidimensionalen Gebilden wird es selbstverständlich nicht anders sein können, da sich die losen Falten auf der Vorderseite befinden.

Bringen Sie kurze Klebefilmstreifen an jede zweite bis dritte Strahlenspitze an, und zwar an Stellen, wo das Papier nicht allzu dünn ist. Dann rollen Sie mit den Fingern kleine Klebefilmstreifen zusammen und legen diese auf die vorigen Streifen. Diese Röllchen sind sehr praktisch und auch mehrfach einsetzbar. Somit können Sie die Lage Ihrer Transparente beliebig ändern. Sie schonen damit auch das feine Papier Ihrer Lieblinge und können sich jahrelang immer wieder an ihnen erfreuen.

Natürlich werden die Farben nach einigen Monaten etwas verblassen. Doch dieses «Herbstlich-Werden» hat auch seinen Reiz. Manche ungeahnten Faltnuancen können sogar vorteilhafter hervortreten.

Auch je nach Lichteinfall reagieren die Transparente anders : Von der Morgensonne bis zur Abenddämmerung vermitteln sie immer wieder neue Erlebnisse. Selbst nachts bei Straßenbeleuchtung zeigen sie noch eine mysteriöse Präsenz am Fenster.

# Strahlenkraft *

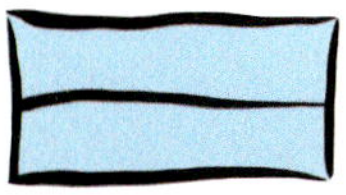

Achtstrahlig
ø 51 cm, Schnitt 3
ø 36 cm, Schnitt 2
ø 26 cm, Schnitt 1

***Die starke Wirkung, die aus diesem Transparent hervortritt, rührt von der klaren und ungewöhnlichen Struktur seiner acht Strahlen her. Wie ein plötzlicher Funke, der mit freudigem Licht in die Finsternis hereinbricht! Diese Strahlenform erinnert aber auch an Posaunen, die einen klaren, triumphierenden Engelsklang hervorbringen wollen.***

Wählen Sie am besten ein Seidenpapierblatt mit heller Farbe. Wenn Sie eine besonders schöne Farbwirkung für Ihr Transparent erzielen wollen, so legen Sie vor dem Zuschneiden zwei Seidenpapierblätter, deren Farben schon verwandt sind (z.B. zartes Grün und helles Blau) und nässen Sie beide durch. (Nähere Anleitungen auf Seite 11)

Je nach Sternumfang nehmen Sie acht rechteckige Schnitte der oben genannten Größen. Für Anfänger eignet sich die Größe 1 besonders gut.
Falten Sie zuerst den Schnitt der Länge nach in zwei Hälften und öffnen Sie ihn, um die Mittellinie zu bekommen. Mittellinien und Diagonalen sind immer die wichtigen Vorbereitungsfalten vor jedem eigentlichen Faltprozess. Am Anfang der jeweiligen Angaben werden Sie eine kleine Zeichnung finden, s. oben, die gleich verdeutlicht, mit welcher Diagonale/Mittellinie angesetzt wird.

1. – 3. Beginnen Sie mit dem gezeigten Schritt-für-Schritt-Faltvorgang nach der Reihenfolge der Zeichnungen. Die punktierten Linien deuten immer auf die direkt zuvor gebildeten Faltungen. Farbige Schattierungen und Pfeile machen die Faltentwickelung noch anschaulicher.

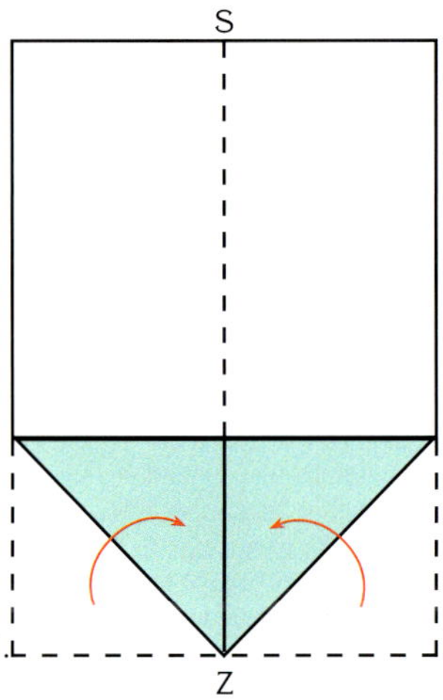

1.

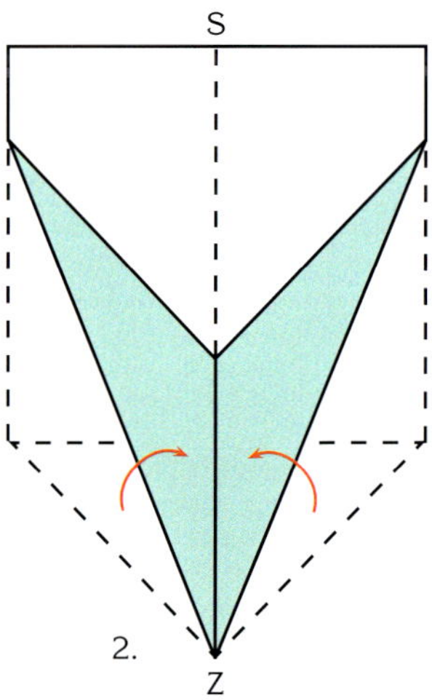

2.

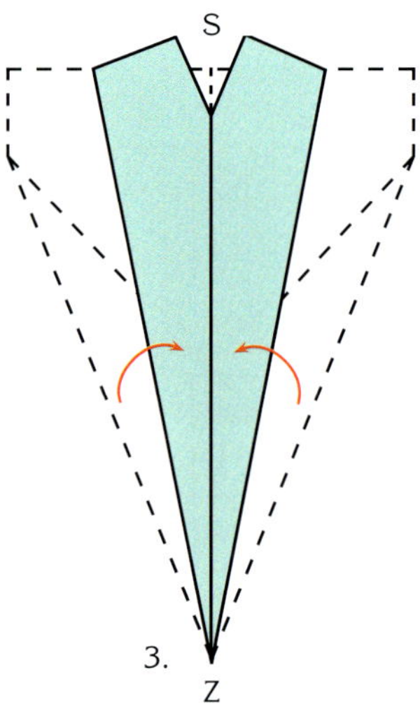

3.

4. Heben Sie ein wenig die rechte gefaltete Schnittseite, um das versteckte rechteckige Eck nach links vorzuziehen. Dieser Entfaltungsvorgang wird immer mit dem Zeichen ⇛ charakterisiert.

5. Legen Sie jetzt diese linke Seite auf die rechte Seite hin. **Dann entfalten Sie genauso die andere Schnittseite, um sie nach links zu legen.**

6. Öffnen Sie die mittleren Kanten und legen Sie diese auf die Seiten. Damit die Falten schön spitz verlaufen, können Sie sich immer mit dem Messerrücken helfen. Die schrägen Kanten am Zentrum (Z) werden auf die zwei punktierten Hilfslinien gelegt. Jetzt die angegebenen Klebepunkte (o) anbringen.

7. Sind die acht Schnitte fertig gefaltet, so beginnt dann die Zusammensetzung.
Dafür finden Sie auf Seite 16 die Grundanleitung. Die letzte Zeichnung zeigt immer das Zusammensetzen von zwei Schnitten . Der zweite angelegte Schnitt (S2) steht in blau mit punktierten Umrissen.

Achten Sie hier gut darauf, dass die in rot punktierten Faltlinien exakt aufeinander liegen. Die drei angegebenen Klebepunkte sparsam anbringen.

Und nun können Sie Ihren ersten Stern am Fenster bewundern.

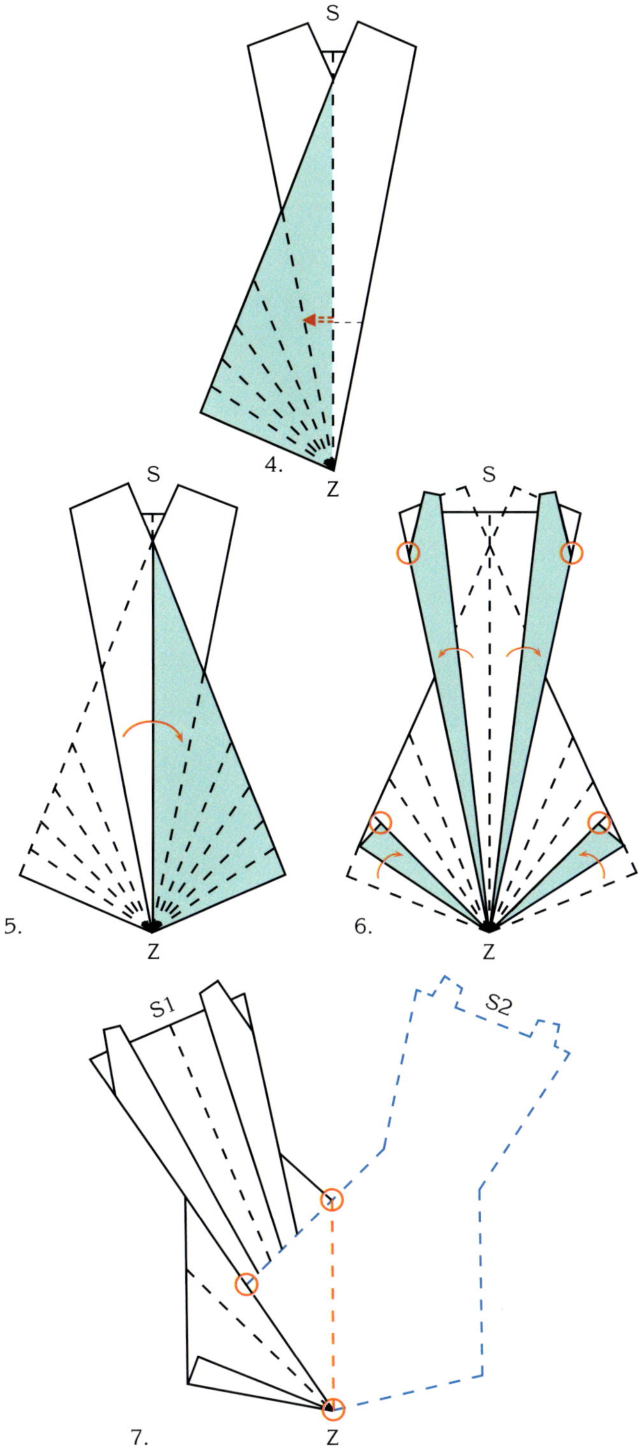
S
4.
Z
S
5.
Z
S
6.
Z
S1
S2
7.
Z

# Sonnenglanz **

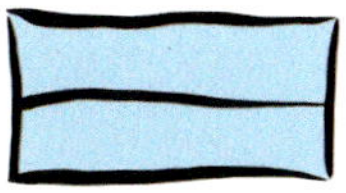

Sechzehnstrahlig
ø 50 cm, Schnitt 3
ø 35 cm, Schnitt 2
ø 25 cm, Schnitt 1

***Dieses sonnige Transparent kontrastiert ganz und gar mit dem ersten Stern «Strahlenkraft». Hier hat sich die Dynamik der Strahlen in eine harmonische und ruhige Strahlung umgewandelt.***

Um eine glänzende Wirkung zu erzielen, passt natürlich ein strohgelbes Seidenpapier hervorragend dazu. Wollen Sie aber eine leichte Marmorierung bekommen, so legen Sie auf ein zitronengelbes Blatt ein anderes Blatt mit dunklerem Gelbton und befeuchten Sie tupfenweise beide. (Siehe Seite 11)

Für die große Sonne (Ø 50cm) erweist sich eine kräftigere Belebung des Papiers als besonders geeignet und effektvoll. Beispielsweise habe ich hier ein weißes Blatt genommen, worauf ein dunkeloranges Blatt gelegt wurde. Durch die Befeuchtungs-Technik der Blätter untereinander entsteht nach dem gesamten Aufbau ein unerwartetes, prächtiges Exemplar. (Bild Seite 24)

Nehmen Sie dann sechzehn rechteckige Schnitte, wie oben angegeben. Bilden Sie für alle die Mittellinie und fahren Sie nach dem detaillierten Schritt-für-Schritt-Wegweiser fort:

1. Vorbereitungsfalten.

2. – 3. Nach den Zeichnungen weiterfalten.

4. Schließen Sie die vier Eckfalten und bringen Sie die Klebepunkte an.

5. Vorbereitungsfalten für das Zentrum (Z).

6. Setzen Sie die zwei Seitenecken auf die eben gebildeten Faltlinien. Achten Sie dabei darauf, dass die Basis dieser Falten die Ecken vom (S)-Bereich exakt antreffen. Sie dürfen sich gar nicht überlappen. Kleben.

7. Beide (Z)-Flügel schließen und die drei Klebepunkte anbringen.

8. Knicken Sie die Spitze (S) so weit um, bis sie den Winkel der geschlossenen Flügel antrifft und öffnen Sie, um die Vorbereitungslinie zu bekommen.

9. Nach der Zeichnung.

10. Die Zusammensetzung der 16 Strahlen dieser Sonne ist klassisch und sehr einfach.

***Ein kleiner Tipp:***
Wegen der großen Anzahl an Schnitten, reihen Sie diese nicht allzu fest aneinander. Lockern Sie jeweils ganz minimal von der Mittellinie aus. So vermeiden Sie einige mögliche Unregelmäßigkeiten am Zentrum dieser Sonne.

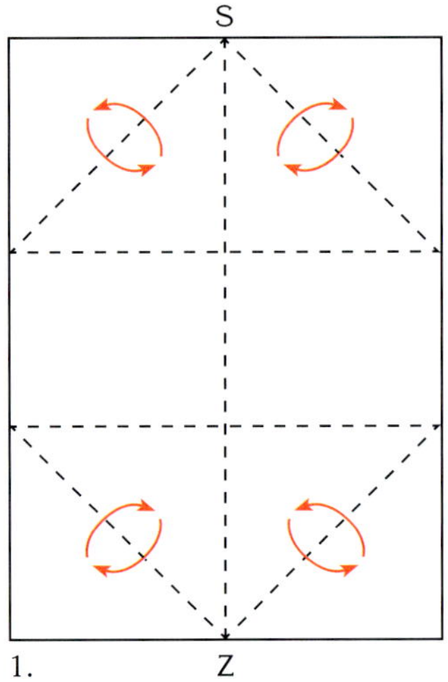

1.

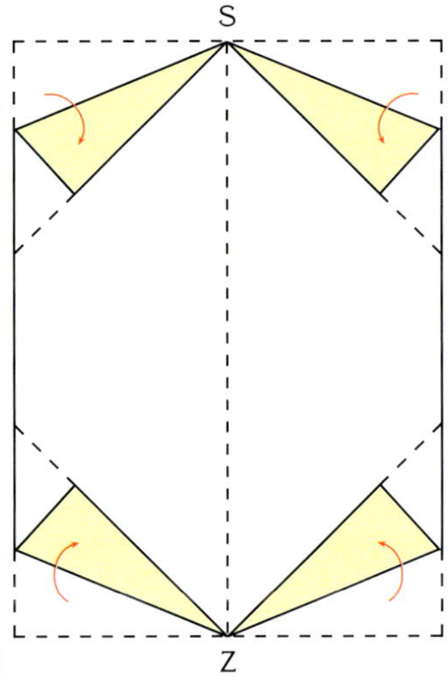

2.

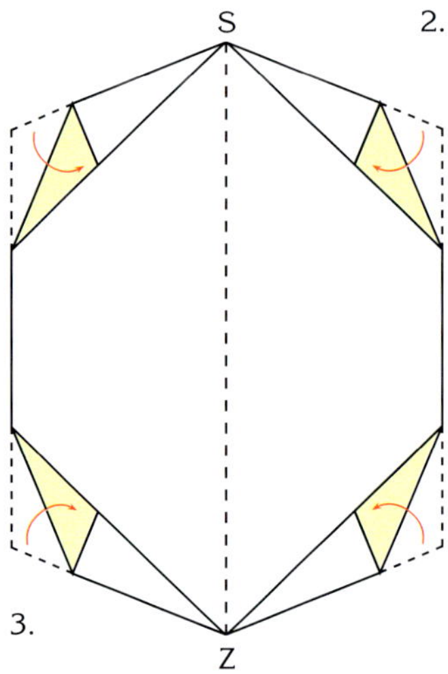

3.

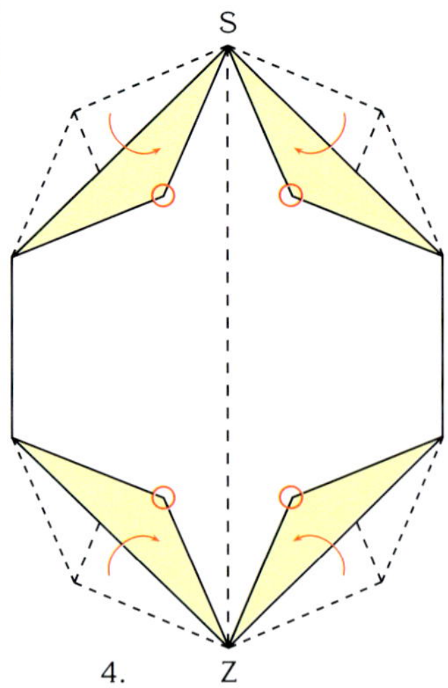

4.

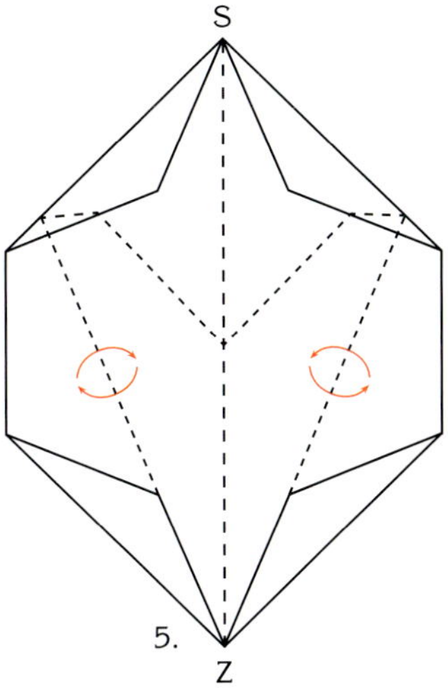

5.

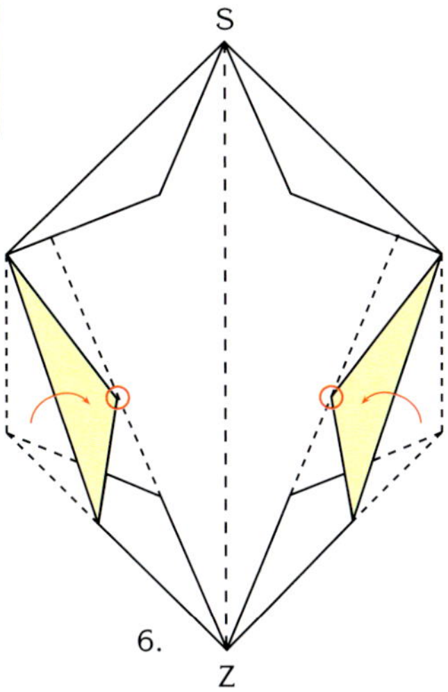

6.

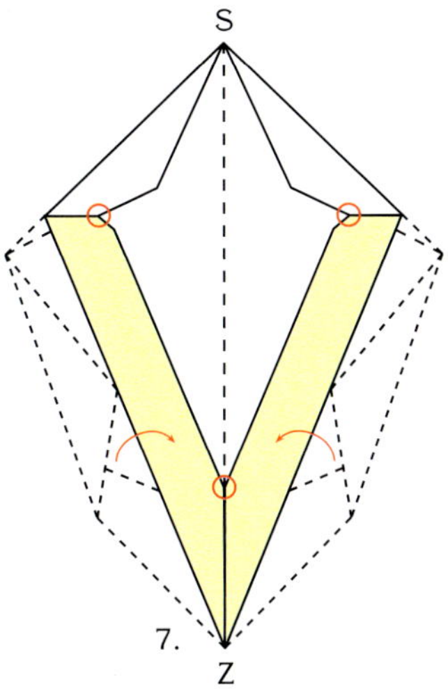

7.

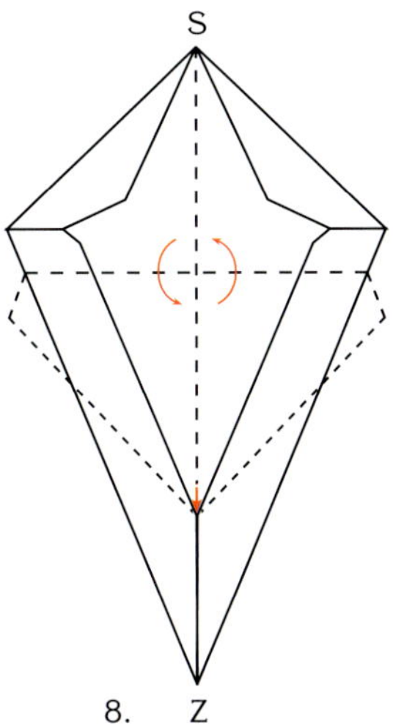

8.

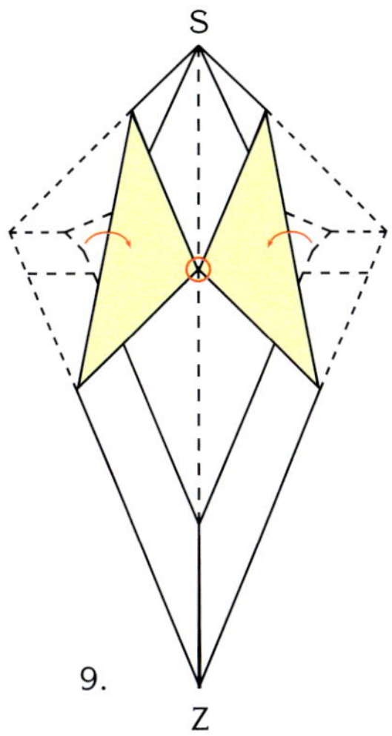

9.

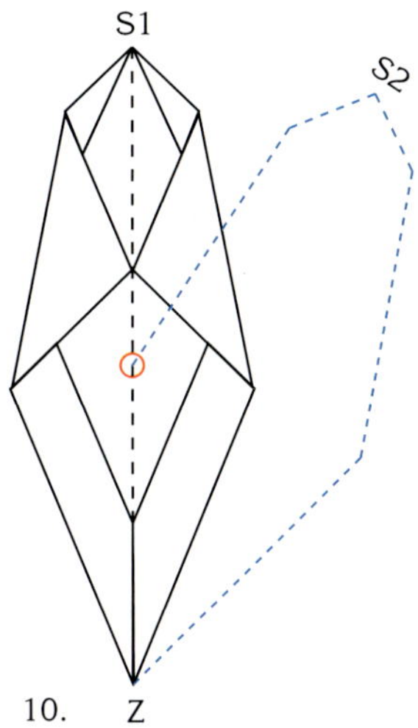

10.

# Gehaltene Ruhe *

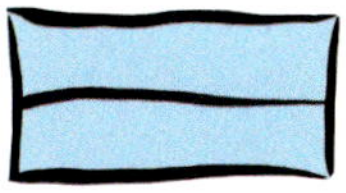

Achtstrahlig
ø 50 cm, Schnitt 3
ø 35 cm, Schnitt 2
ø 25 cm, Schnitt 1

***Diese Sternstrahlen bilden ein lebendiges Spiel von Tangenten um den leicht hervorgehobenen Innenkreis herum, der dadurch wie ein in Ruhe gehaltenes Rad aussieht. So entsteht auch durch diese Polarität zwischen Innen und Außen eine reizvolle Spannung.***

Damit die schöne Struktur des Innenkreises besonders deutlich herauskommt, wählen Sie am besten ein hellfarbiges Seidenpapier.

Nehmen Sie acht Schnitte wie oben angegeben und bilden Sie für jeden die Mittellinie.

1. – 2. Vorbereitungsfalten. Öffnen Sie ganz, um die eben gebildeten Hilfslinien zu bekommen.

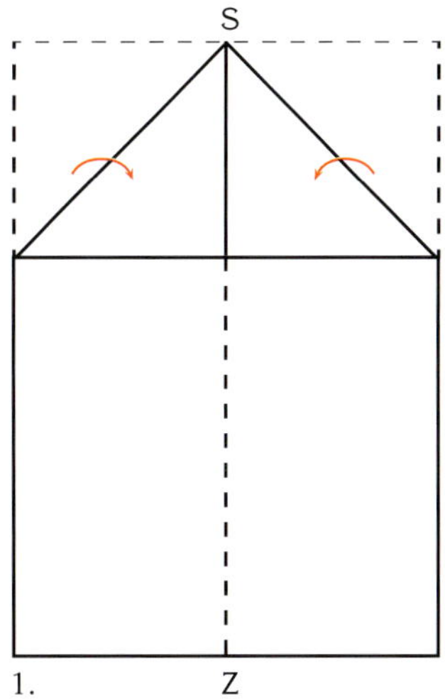


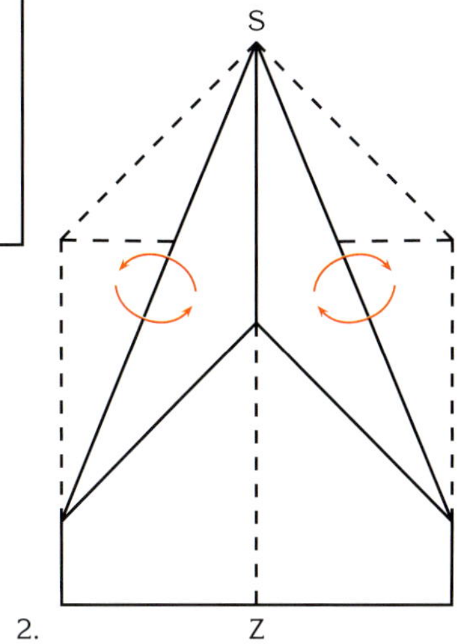

3. Legen Sie beide (S)-Ecken auf die zweiten Hilfslinien, wie die Zeichnung es zeigt.

4. Falten Sie weiter, aber damit die vorherige Falte nicht darunter wegrutscht, helfen Sie sich mit dem Messerrücken.

5. – 6. Nach der Zeichnung den Faltprozess an der (S)-Spitze weiterführen. Erst dann den einzigen Klebepunkt anbringen.

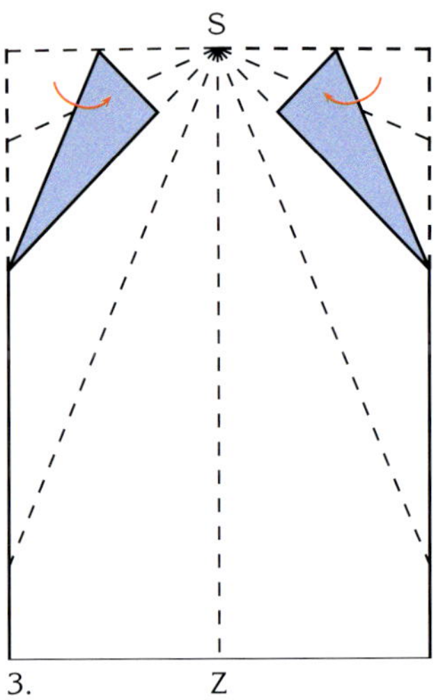

3.

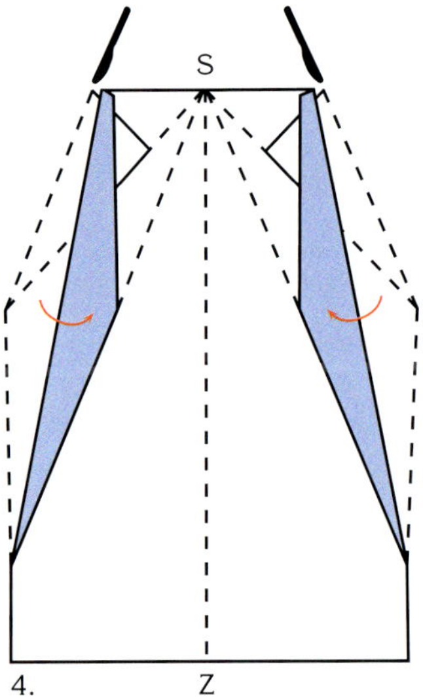

4.

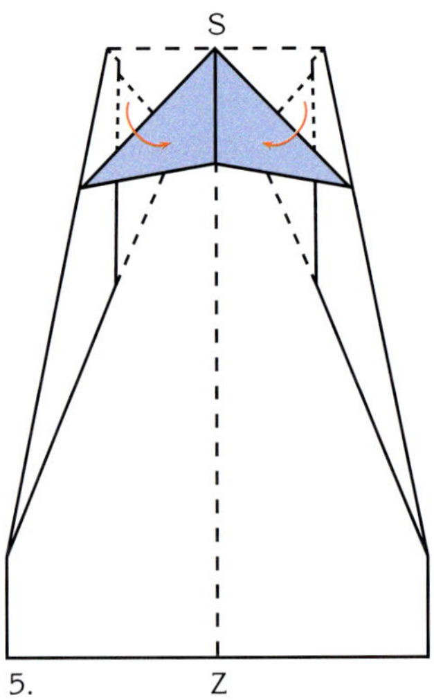

5.

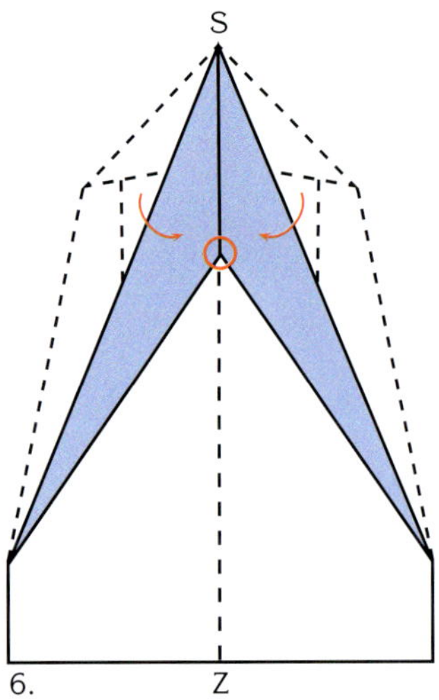

6.

7. – 8. – 9. Jetzt folgt die Faltarbeit am (Z)-Zentrum. Bringen Sie zum Schluss die vier Klebepunkte an.

10. Die Zusammensetzung ist ganz einfach. (Siehe Grundanleitung, Seite 16)

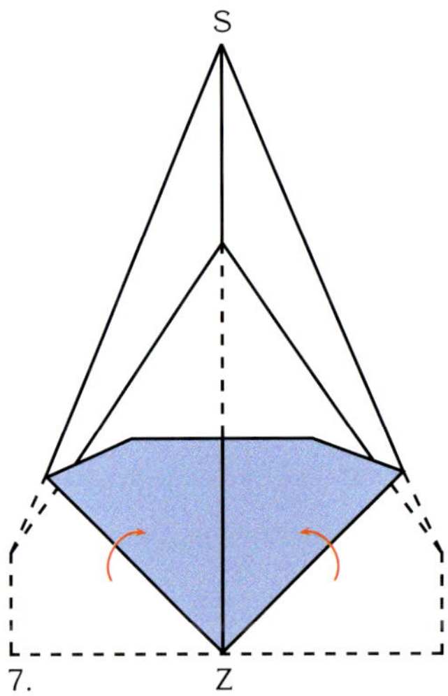

7.

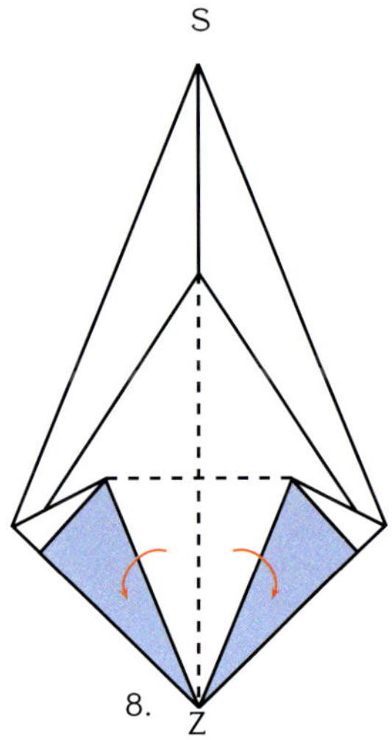

8.

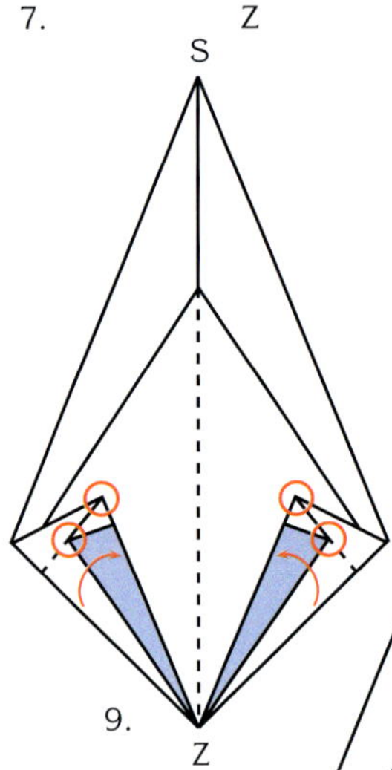

9.

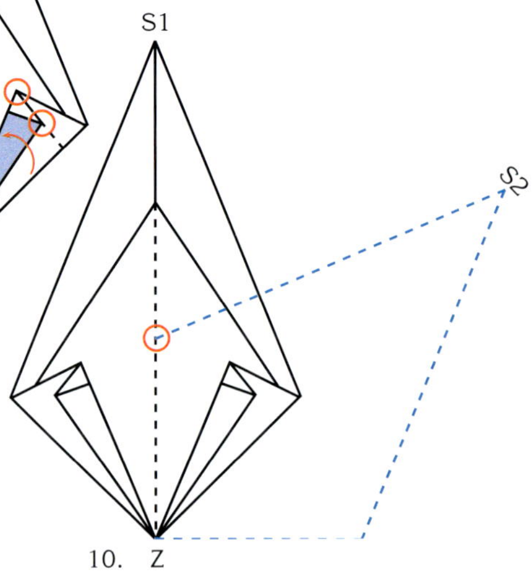

10.

# Margerite ****

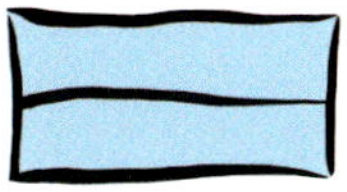

Elfstrahlig
ø 35 cm, Schnitt 2
ø 25 cm, Schnitt 1

***Bei diesem blumenartigen Transparent wurde der Faltvorgang vom vorigen Stern «Gehaltene Ruhe» weitergeführt und verwandelt. Hier sind die Sternstrahlen der Mutter Erde näher gekommen und erscheinen jetzt als eine leuchtende Margerite. Das schöne Blumenherz können Sie optimal zur Geltung bringen, indem Sie die Zentrumsfalten offen lassen. Damit erhalten Sie einen leicht dreidimensionalen Effekt.***

Nehmen Sie für dieses Transparent stets ein weißes Seidenpapier. Da Sie ja elf Schnitte der Größe 1 (als Gänseblümchen) benötigen, brauchen Sie zwei Viertel Großblatt. Für die elf Schnitte der Größe 2 (als große Margerite) brauchen Sie zwei halbe Großblatt. Falten Sie vor dem Zuschnitt die jeweiligen Schnitte und färben Sie der Skizze nach mit Aquarell oder mit flüssiger Wasserfarbe (Ecoline),die nicht glasierte Papierseite.

Die beiliegenden Schnittvorlagen zeigen Ihnen die Spurbreite der Stellen, an denen Sie mit dem Schwämmchen das weiße Papier tupfenweise färben können.

Farbangaben für das Gänseblümchen (Schnitt 1): Dunkelgelb (Ecoline 202) und für die Spitzen der Blumenblätter : Pastell rosa (Ecoline 390).

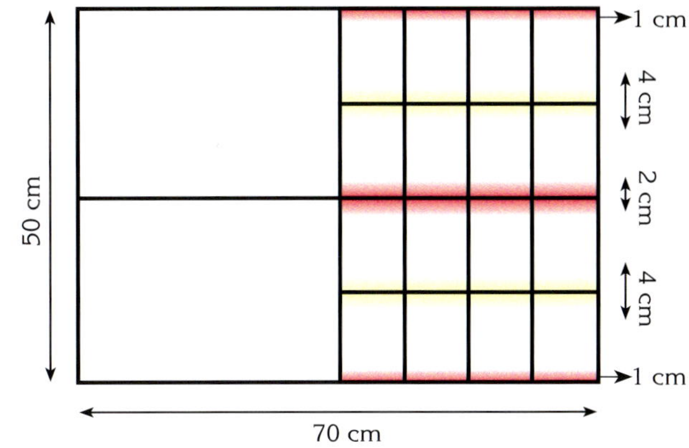


Für die Margerite (Schnitt 2) : Aquarell Gelb (Ecoline 259) dann ein orangener Hauch dazu (Ecoline 236).

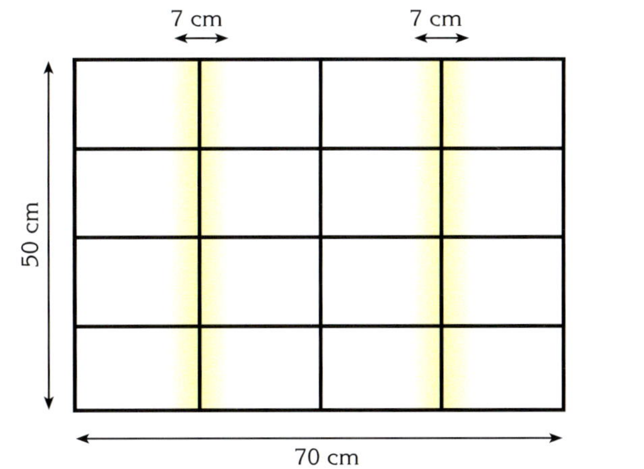


Trocknen Sie Ihre Blätter mit dem Föhn immer flach auf dem Steinboden, somit vermeiden Sie unerwünschte Flecken auf den rein-weißen Papierteilen.
Bügeln Sie dann sorgfältig die Blätter, um willkürliche Falten zu vermeiden. Dann teilen Sie erst mit dem Messer und verwenden Sie die elf bestgefärbten Schnitte für den Aufbau.

0. Beginnen Sie mit der Basisfalte von «Gehaltene Ruhe» (Zeichnung 1 Seite 29)

1. Öffnen Sie nach der Zeichnung die zwei Winkel.

2. Vorbereitungsfalte. Dabei wird die Spitze (S) auf den Treffpunkt der inneren Ecken gelegt und wieder geöffnet. Sie bekommen eine kleine Hilfslinie.

3. Verlegen Sie jetzt diese inneren Ecken der Seitenflügel auf den neuen Kreuzpunkt der Hilfslinie. (Siehe Pfeile).

4. Falten Sie nach der Zeichnung.

5. Vorbereitungsfalten für die Seiten.

6. Die Schrägseiten werden auf die Hilfslinien gelegt. Helfen Sie sich dabei mit dem Messerrücken.

7. Öffnen Sie die Spitze (S), in dem Sie beide Flügel sehr vorsichtig nach außen ziehen und deren oberen Ecken so glatt wie möglich an der Horizontale (S) flachlegen. Es ergibt sich eine kleine Überlappung an den unteren Seitenecken. Dann mit dem Faltvorgang am Zentrum (Z) beginnen.

8. – 9. Falten Sie nach den Zeichnungen.

10. Verlegen Sie jetzt beide Faltungen am Zentrum (Z) so, dass deren Innenseiten auf die Mittellinie gelegt werden. Den ersten Klebepunkt anbringen, ohne die freien Falten mitzukleben.

11. Vorbereitungsfalte. Dabei wird die rechte Außenkante auf die kleine schräge Innenkante (in rot verdeutlicht) gelegt und wieder geöffnet. Es bildet sich eine lange Querlinie.

12. Es folgt eine «Trichterfalte». Heben Sie mit dem

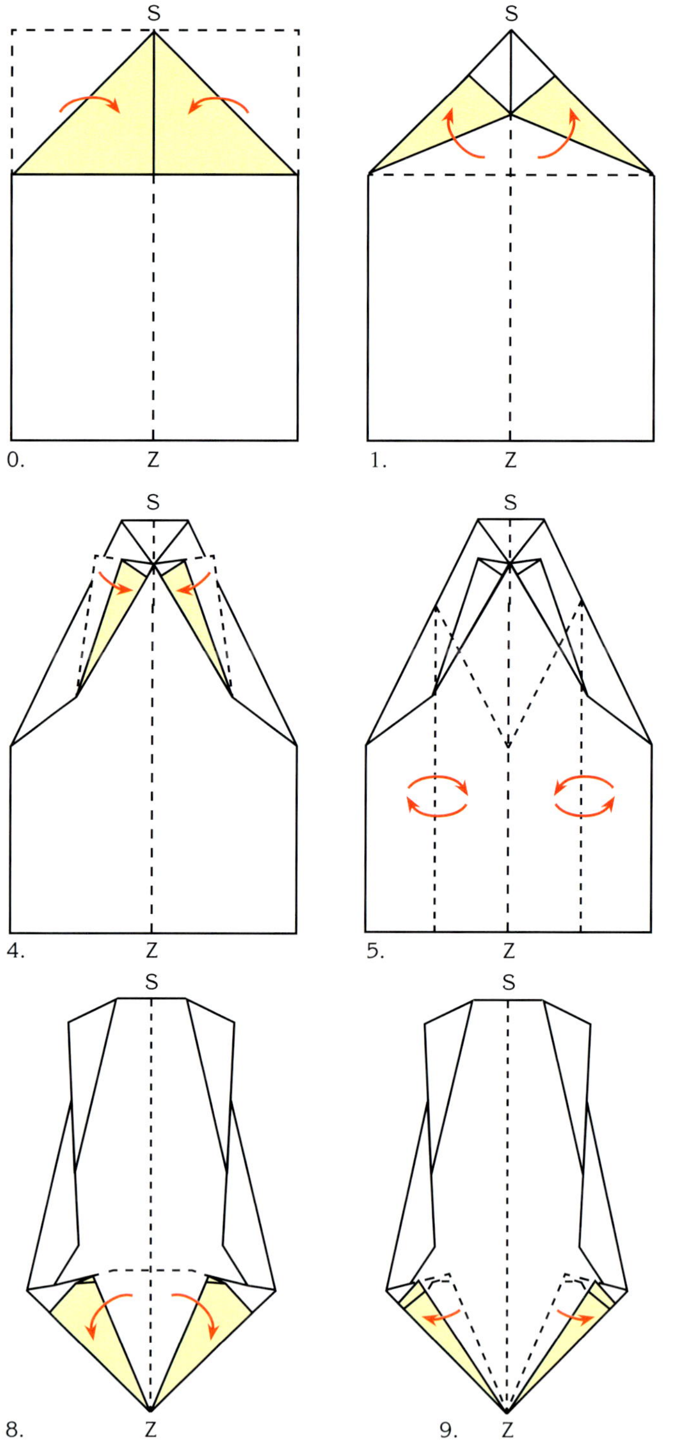

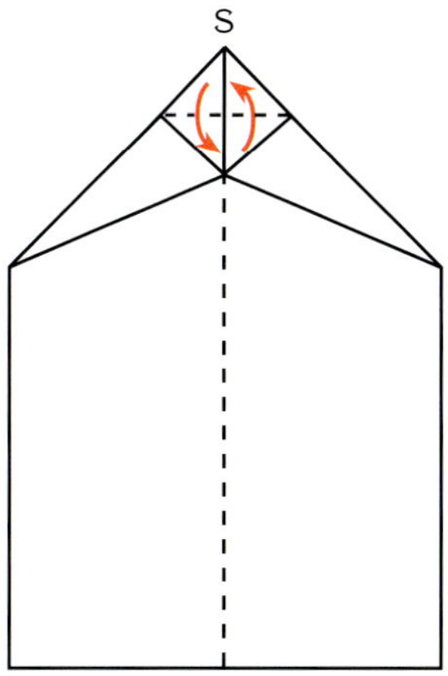


2. Z

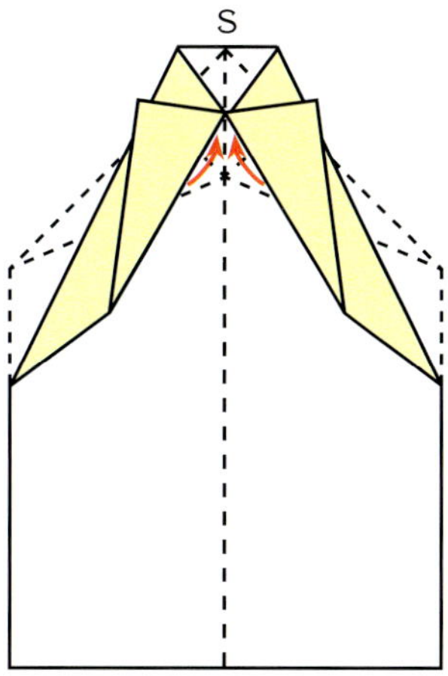


3. Z

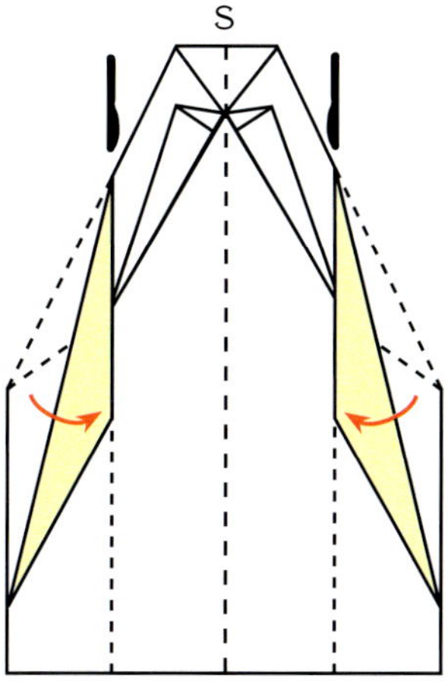


6. Z

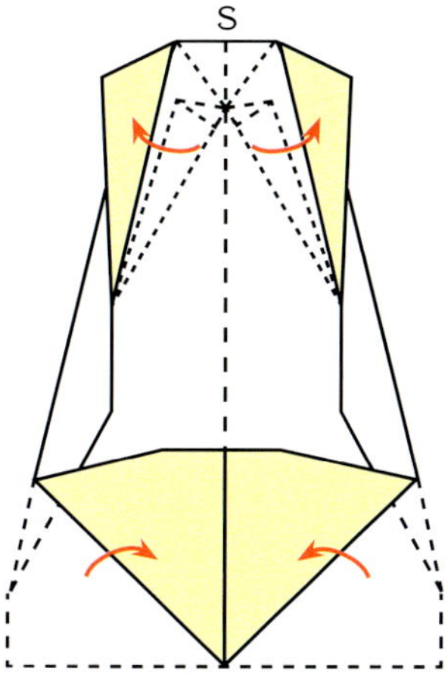


7. Z

Zeigefinger die rechte Kante leicht nach oben senkrecht über die Querlinie und drücken Sie diese Kante exakt darauf flach. Beim Übergang dieses Faltvorganges bildet sich eine Trichterform, die sich dann beim Flachsetzen wieder auflöst. Die Skizze zeigt nur die rechte Seite. **Wiederholen Sie für die linke Seite den Faltprozess 11 und 12 genauso.** Am Schluss bringen Sie die vier Klebepunkte an.

***13. Zusammensetzen der elf Strahlen:***

Für den Schnitt 1, finden Sie diesen Stützpunkt auf der rechten Schrägkante am Zentrum und zwar 7mm von der Mittellinie entfernt. Markieren Sie diese Stelle leicht mit einem Bleistift (in rot angedeutet auf der Skizze: 13). Für den Schnitt 2 finden Sie diesen Stützpunkt auf der selben Kante aber mit 1cm Entfernung von der Mittellinie. So kleben Sie dann Ihre elf Schnitte aneinander. Heben Sie jedoch während des Klebens die losen Zentrumsfalten mit dem Zeigefinger leicht hoch, um zu vermeiden, dass diese mitbefestigt werden. Anschließend sollten Sie das ganze Transparent auf seiner Kehrseite mit langen Klebstoffstrichen konsolidieren. Wenn die ***«Margerite»*** oder das ***«Gänseblümchen»*** am Fenster steht, können Sie dann die freien gelb-orangenen Falten in der Mitte hervorziehen und ordnen, damit sie einen regelmäßigen Kreis bilden.

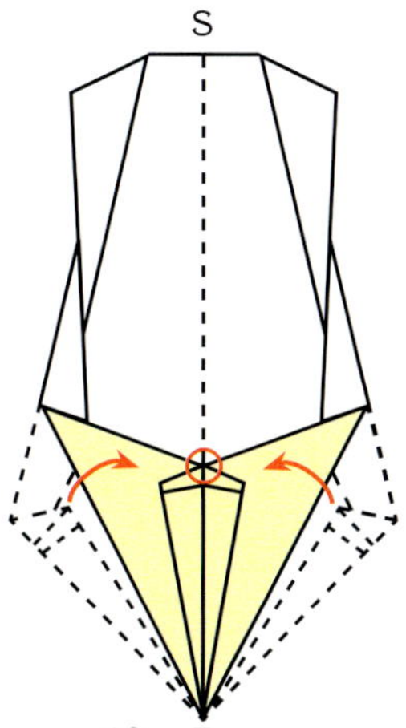


10. Z

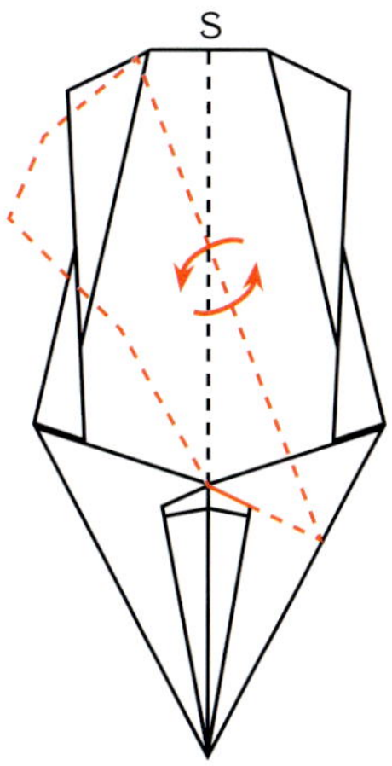


11. Z

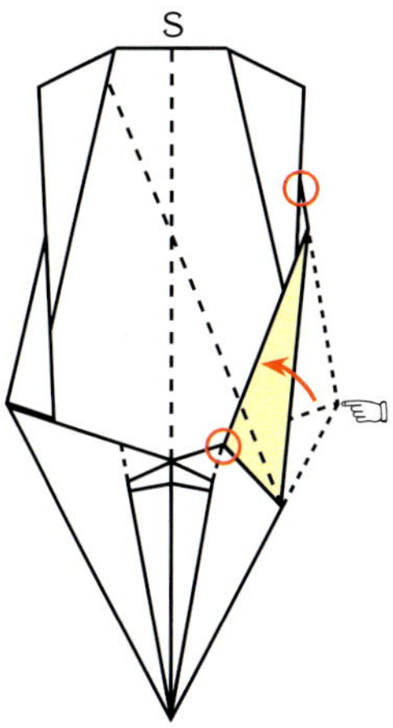


12. Z

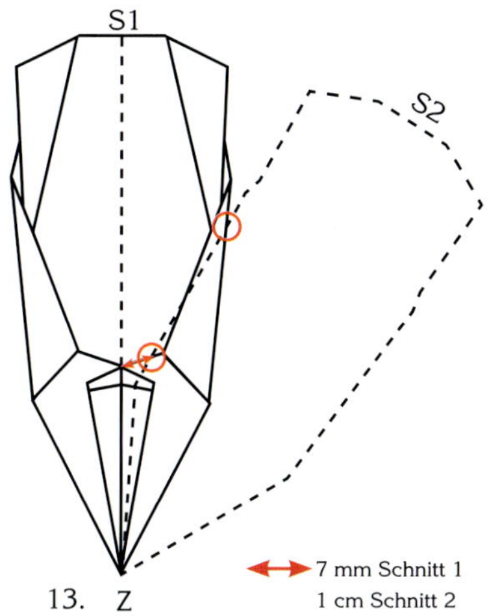


13. Z

# Kristallklang **

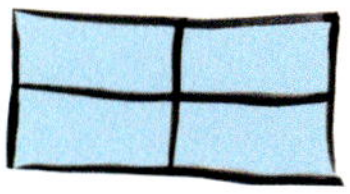

Sechsstrahlig
ø 34,5 cm, Schnitt 3
ø 24,5 cm, Schnitt 2
ø 17,5 cm, Schnitt 1

***Durch seine starre und fein-ziselierte Struktur erweckt dieser außergewöhnliche Sechsstern im Betrachter eine musikalische Winterstimmung. Welch entfernter Zauberklang erklingt mit dieser klirrenden Kristallkälte? Doch wie ahnend und noch verborgen schimmert schon in der Mitte eine zarte Blütenform ...***

Das Ornament dieses Kristalls können Sie mit einem Seidenpapier von einem einfachen hell kalten Farbton hervorzaubern. Sie können aber auch mit den Farbnuancen selber experimentieren, in dem Sie ein weißes Papierblatt auf ein hellblaues Blatt legen oder etwa ein gleiches hellblaues Blatt auf ein zartrosa Blatt auflegen und kräftig aber nicht regelmäßig die doppelte Seidenpapierschicht durchnässen ... (Siehe Angaben Seite 11) Eine interessante Färbung kann dabei entstehen und dadurch die mysteriöse Anziehungskraft für Ihr Transparent steigern.

Bilden Sie zunächst die zwei Mittellinien für Ihre sechs Schnitte.

1. Nach der Zeichnung falten und gleich kleben.

2. – 3. Führen Sie den Faltprozess an der Spitze (S) weiter. Helfen Sie sich dabei mit dem Messerrücken.

4. Letzte feine Falte für die Spitze (S). Dann beginnen Sie mit dem Zentrum (Z).

5. Vorbereitungsfalten.

6. Legen Sie jetzt die Schrägkanten auf die eben gebildeten Hilfslinien. Kleben.

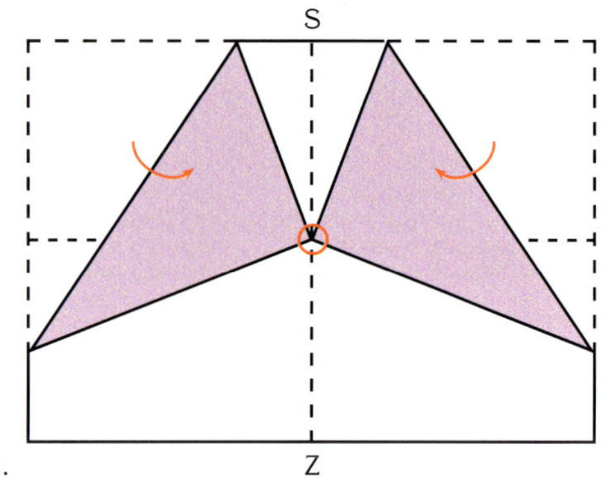

1.

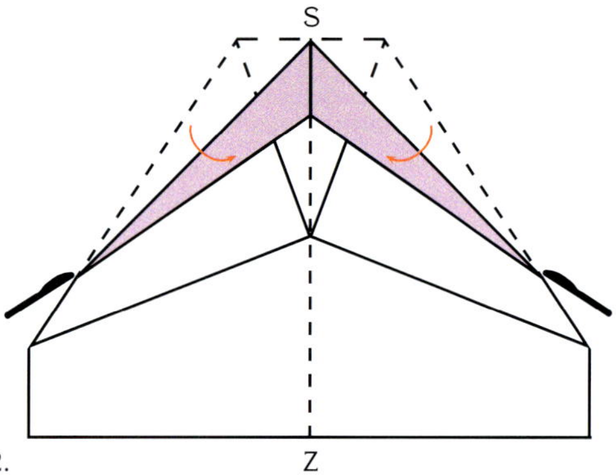

2.

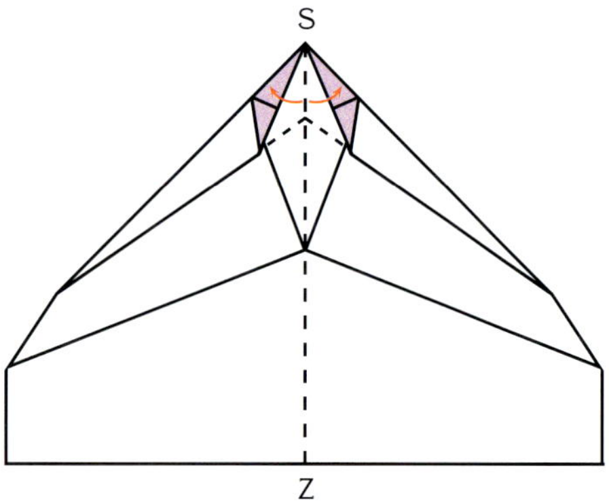

3.

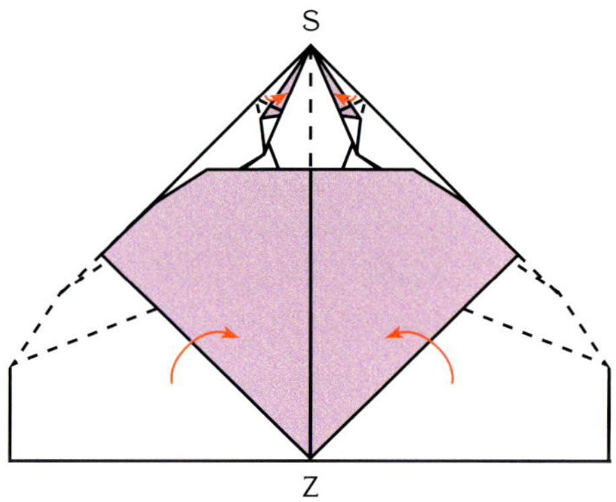

4.

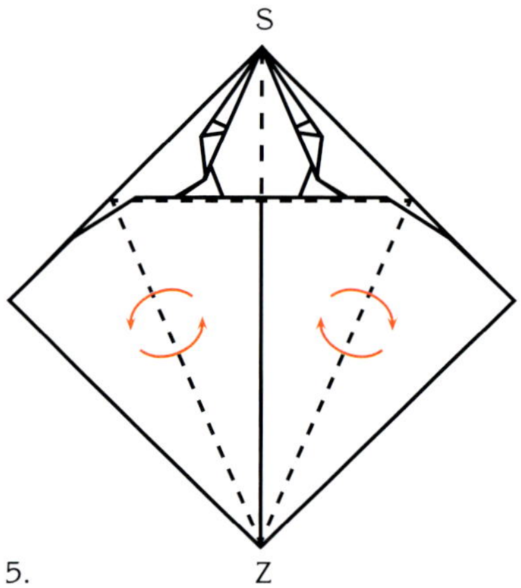

5.

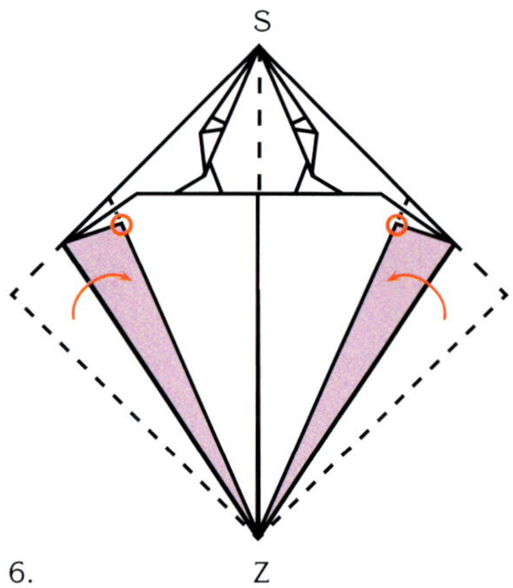

6.

7. Öffnen Sie die zwei Flügel.

8. – 9. Weiterfalten nach den Zeichnungen. Fixieren Sie am Schluss alle Ecken wie angegeben mit Klebstoffpunkten.

Für das Zusammensetzen der sechs Teile verwenden Sie das entsprechende sechsstrahlige Diagramm. (Siehe Grundanleitung, Seite 18)

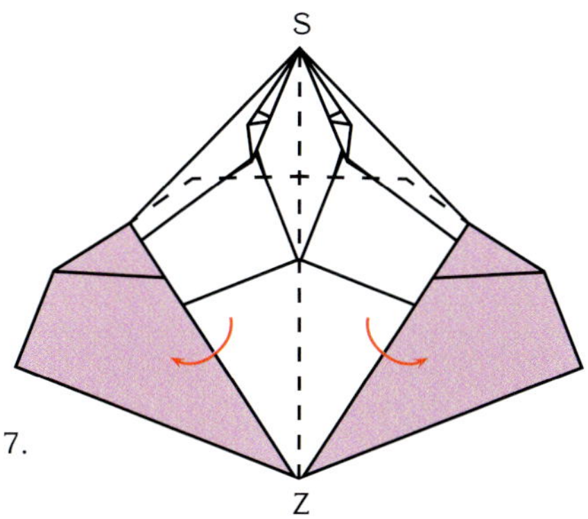


7.

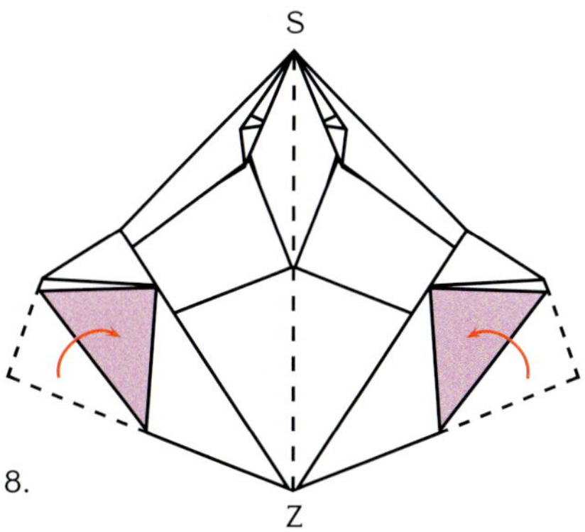


8.

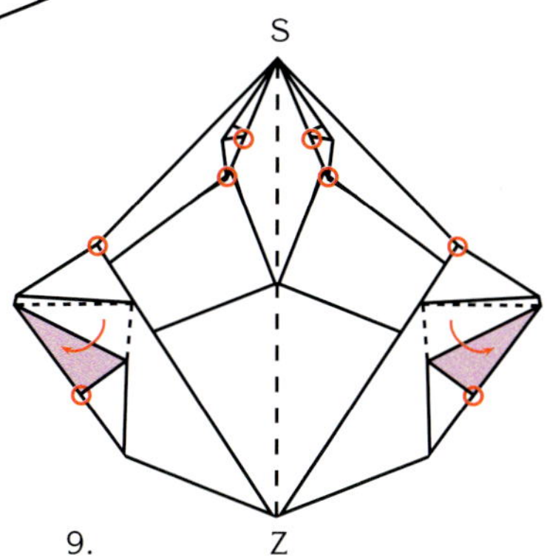


9.

# Kleeblatt ***

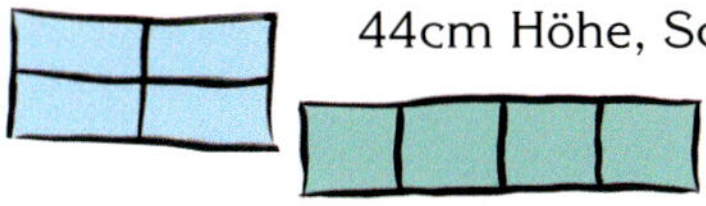

44cm Höhe, Schnitt 2 und Schnitt 8

***Eine erfrischende und belebende Wirkung wird dieses Kleeblattmotiv an Ihrem Fenster erzielen. Dieses originelle Faltkunststück mit seinem Frühlingsgrün kann uns schlicht und einfach in die wohltuende Naturstimmung einer Wiesenlandschaft versetzen.***

Die drei Blätter werden durch eine etwas vereinfachte Umwandlung vom Transparent «Kristallklang» gewonnen. Sie können ein naturbelassenes, hellgrünes Seidenpapier verwenden. Sehr schön ist es auch, wenn Sie stattdessen ein saftig-grünes Blatt nehmen, das Sie, den nassen Schwamm darüber auspressend, kräftig durchnässen (Siehe Angaben Seite 11)

***Das Falten der drei Kleeblätter.***
Zuvor beginnen Sie mit der Bildung der zwei Mittellinien vom Schnitt 2 und wie bei Zeichnung 1 von «Kristallklang» (Seite 38). Den dortigen Klebepunkt nicht vergessen!

1. Dann hier weiter nach der Zeichnung falten.

2. – 3. Vorbereitungsfalten.

4. Die zwei Ecken auf die Hilfslinien kleben.

5. Öffnen Sie beide Seiten.

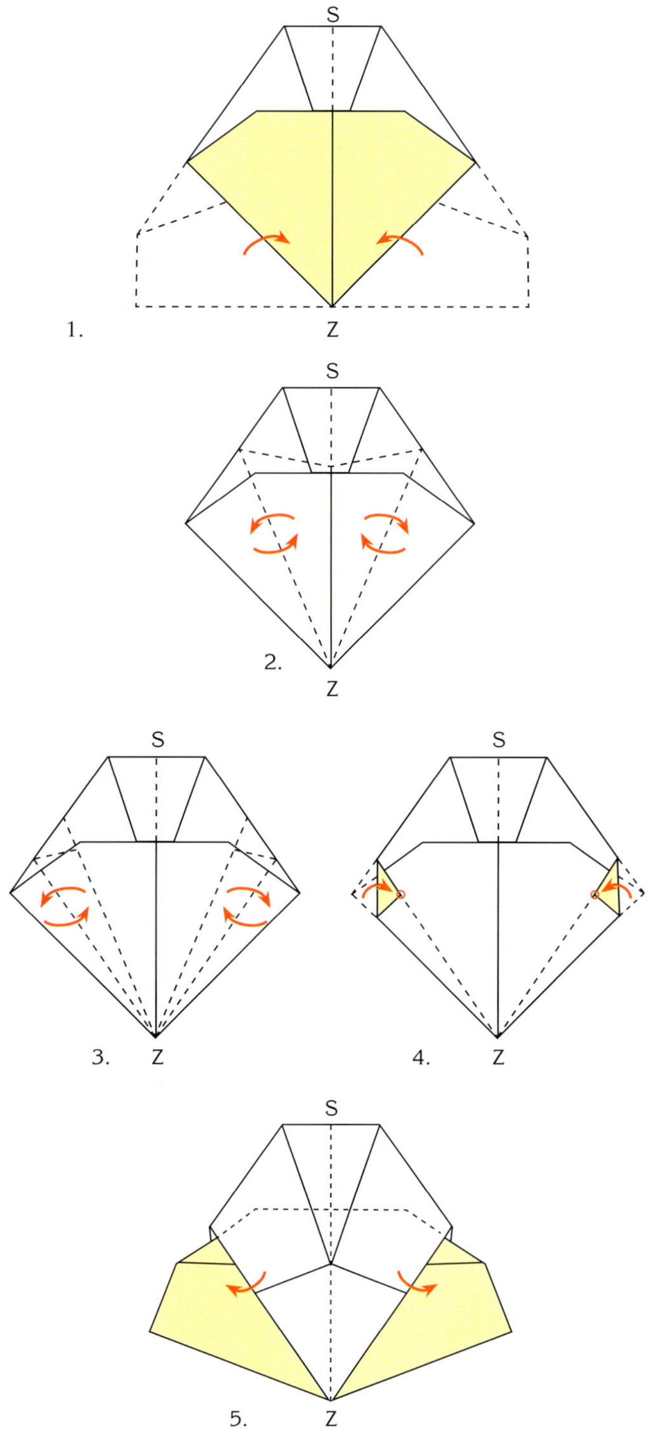

6. Erst falten Sie die zwei Ecken und zwar auf den durchschimmernden Treffpunkt der Seitenkanten mit den darunter liegenden Falten. Kleben.

**Anschließend und ausschließlich für die rechte Seite** bilden Sie die in blau punktierte Vorbereitungsfalte für die spätere Zusammensetzung. Dabei legen Sie die rechte (Z)-Kante auf die Innenkante und öffnen Sie wieder. Befestigen Sie auf der Kehrseite die Falten der damit fertigen Blätter mit Klebstoffstrichen.

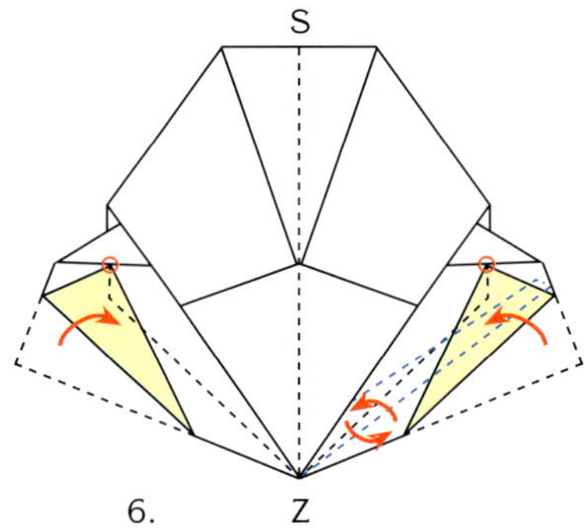

6.

### *Das Falten des Stängels:*

Für den Stängel benötigen Sie nur die Hälfte vom Schnitt 8, den Sie der Länge nach mit dem Messer durchschneiden. Dann bilden Sie recht deutlich die drei senkrechten Faltlinien, wie es die kleine obige Zeichnung beim Titel andeutet.

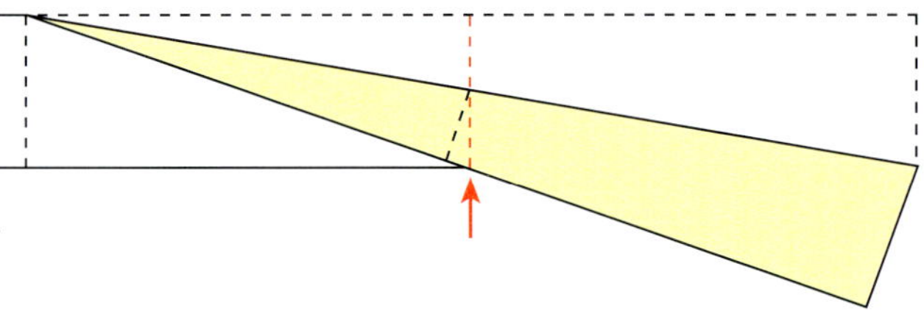
7.

7. Beginnen Sie mit der rechten Bandseite. Klappen Sie die obere Kante so weit nach unten um, bis sie das Ende der Senkrechtlinie antrifft (roter Pfeil). Gleichzeitig muss die Falte beiderseits so fein verlaufen, dass sie eine ganz gerade Schrägkante wird. Wahrscheinlich werden mehrere Versuche nötig sein, bis Sie eine gelungene Falte bekommen. Das ist weiter nicht schlimm, da das Seidenpapier sehr biegsam ist.

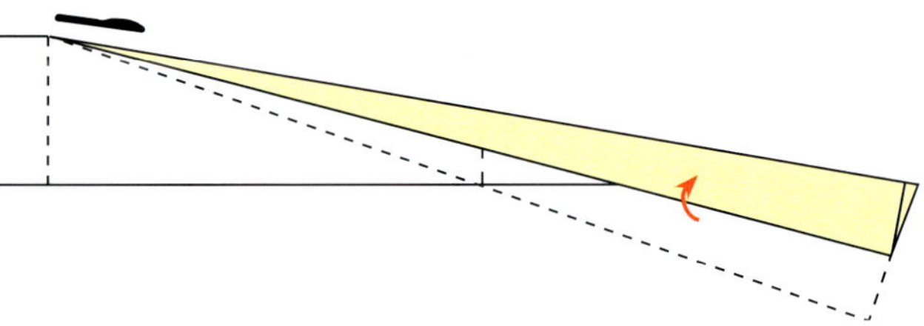
8.

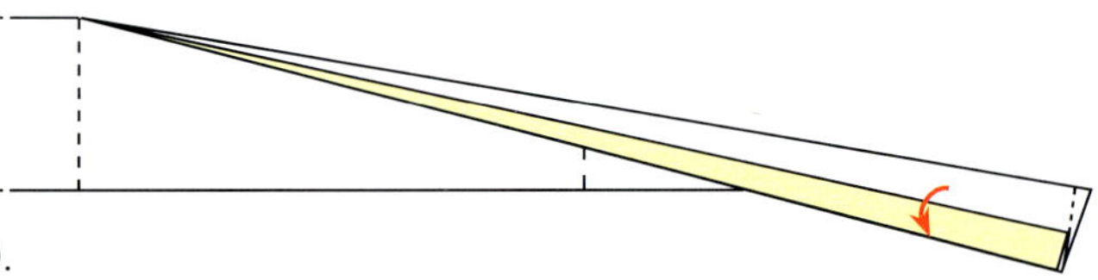
9.

8. – 9. – 10. Nach den Zeichnungen weiter exakt falten. Helfen Sie sich dabei stets mit dem Messerrücken.

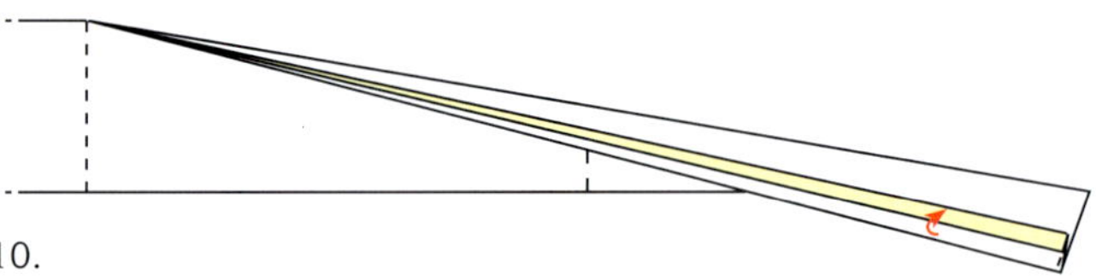
10.

11. Die rechte Seite nach oben so verlegen, bis ihre untere Kante eine Verlängerungsgerade mit dem restlichen Schnittband bildet. Kleben. Falls am äußersten Schnittende ein winziges Eckchen herausragt, (diese Stelle ist mit einem Pfeil auf der Skizze angezeigt), so schneiden Sie es mit der Schere ab.

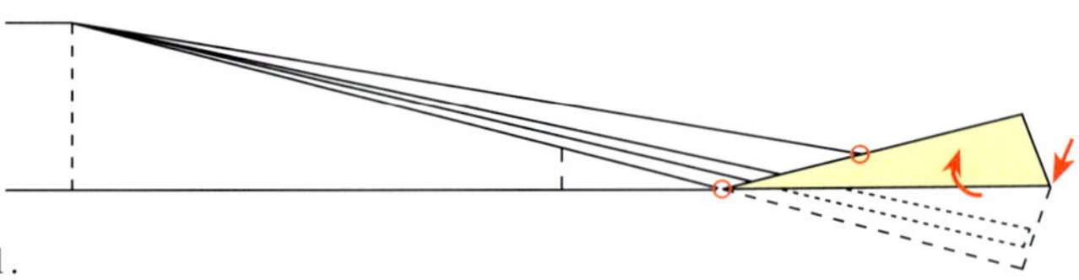
11.

**Wiederholen Sie dann für die linke Bandseite den gleichen Faltprozess von Schritt 7 bis zu Schritt 11 genauso.**

12. ***Nur für die rechte Seite:*** Zum Schluss heben Sie den rechten Teil auf die senkrechte Linie hoch und befestigen ihn mit einem Klebestoffstrich. Der Stängel ist fertig.

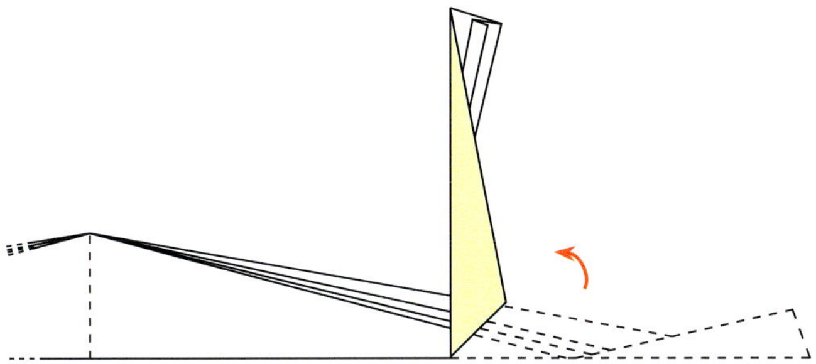

12.

***Das Zusammensetzen:***

13. Kleben sie die drei Blätter aneinander, indem Sie sich auf die rechte Hilfslinie stützen (Siehe in blau punktierte Linie bei Schritt 6). Wenn Sie vor dem Zuschnitt das Seidenpapier nass bearbeitet haben, wird sich ein winziger Abstand von ca. 2mm zwischen Blattkante und Stützlinie ergeben. Legen Sie währenddessen Ihre Hand auf die Blätter, damit diese so flach wie möglich bleiben. Am Zentrum verwenden Sie nicht zu viel Klebstoff.

Dann wird der Stängel so angesetzt, dass seine rechte Seite sich einerseits auf die rechte Oberschrägkante eines Blattes stützen muss. Anderseits stützt sich sein Mittelteil hinter dem nächsten Blatt, so wie die Zeichnung es deutlich zeigt.

Nun winkt am Fenster das Kleeblatt wie ein «grüner Gruß»!

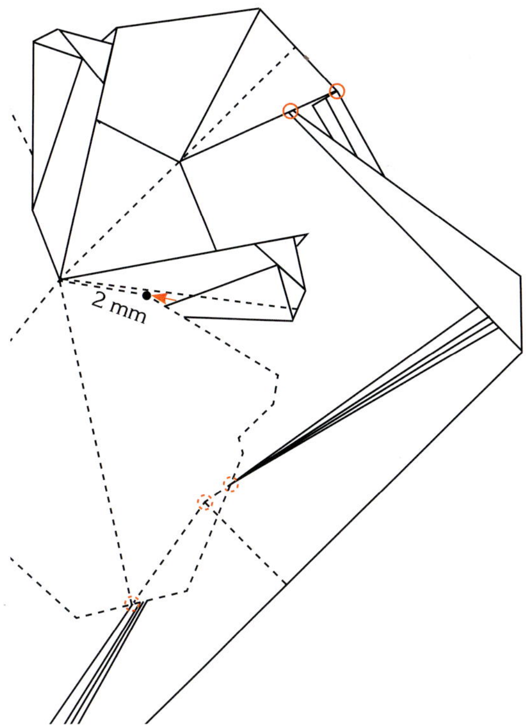


13.

# Frostwerk **

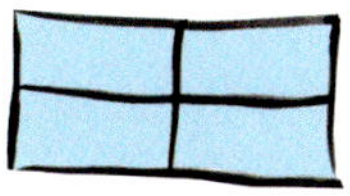

Sechsstrahlig
ø 31,5 cm, Schnitt 3
ø 24,5 cm, Schnitt 2
ø 17,5 cm, Schnitt 1

***Der Nachtfrost hatte die Fensterscheibe mit unzähligen Eisfiguren verziert. Am deutlichsten blieb noch dieser Schneekristall, dessen kräftige nach innen hin verlaufenden Zacken einen zarten Stern wie gefangen in seiner Mitte hält.***

Dieses Transparent ist im Aufbau eine interessante Variante zu den zwei vorigen Transparenten. Die ungefalteten Spitzen geben die Möglichkeit, falls es gewünscht ist, eine sehr schöne Marmorierung im Hintergrund entstehen zu lassen, wenn Sie vor dem Zuschnitt das Seidenpapier kräftig entfärben. Oder Sie zaubern ein feines Farbenspiel hervor, indem Sie ein zartblaues Blatt zwischen zwei rosa Blätter legen und das Ganze mit dem Schwamm ungleichmässig durchnässen. (Siehe Angaben, Seite 11)

Nehmen Sie sechs rechteckige Schnitte der Größe 1,2 oder 3.

Bilden Sie beide Mittellinien und beginnen Sie wie bei Zeichnungen 1 und 2 von «Kristallklang» (Seite 38) **Achten Sie aber darauf, dass hier die Spitze (S) mit dem Zentrum (Z) vertauscht wird.**

1. Falten Sie weiter nach der Zeichnung. Das Zentrum kleben.

2. Vorbereitungsfalten. **Kehren Sie dann Ihren Schnitt um.**

3. Die Seitenflügel der Kehrseite auf die Hilfslinien legen und kleben. **Dann kehren Sie den Schnitt wieder auf seine Vorderseite um.**

4. Öffnen Sie die Spitze (S).

5. Falten Sie die Seitenecken.

6. Nach der Zeichnung zurückfalten. Die vier Klebepunkte anbringen.

Die Zusammensetzung erfolgt mit dem sechsstrahligen Diagramm (Siehe Grundanleitung, Seite 18)

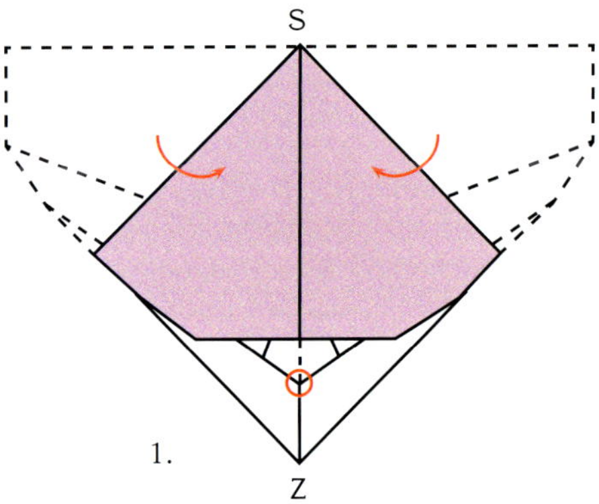

1.

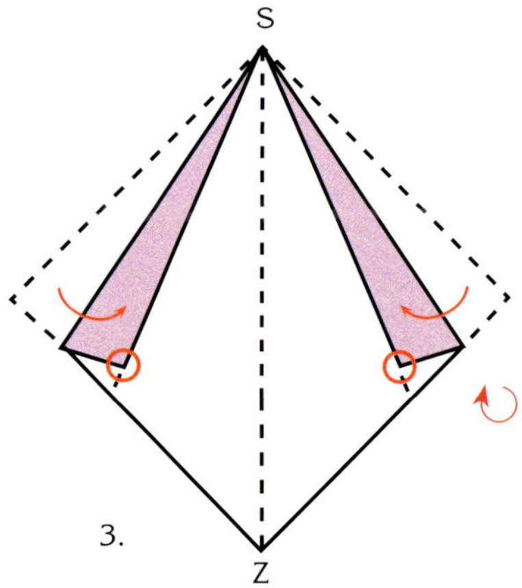

3.

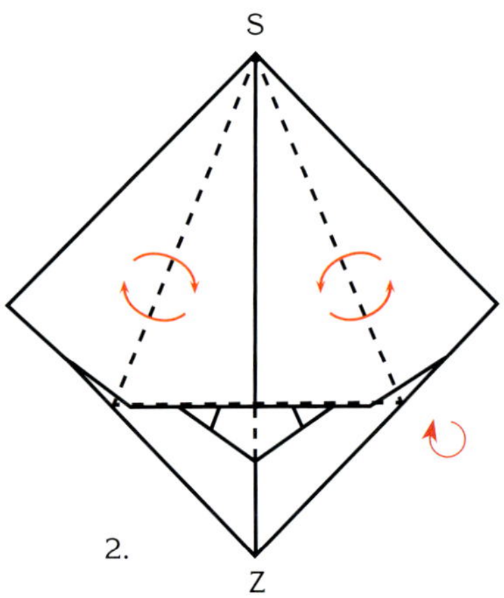

2.

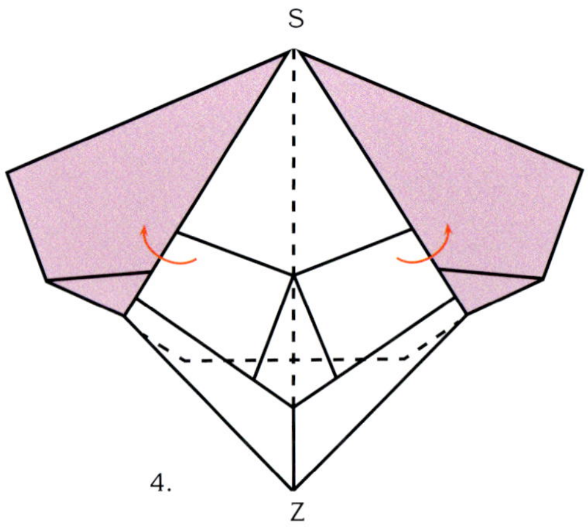

4.

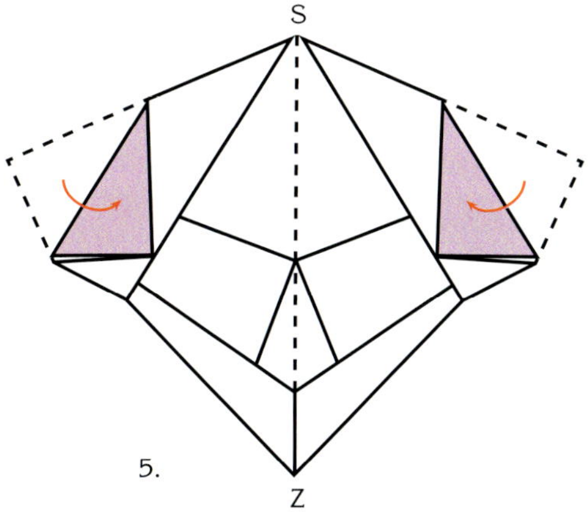
S
5.
Z

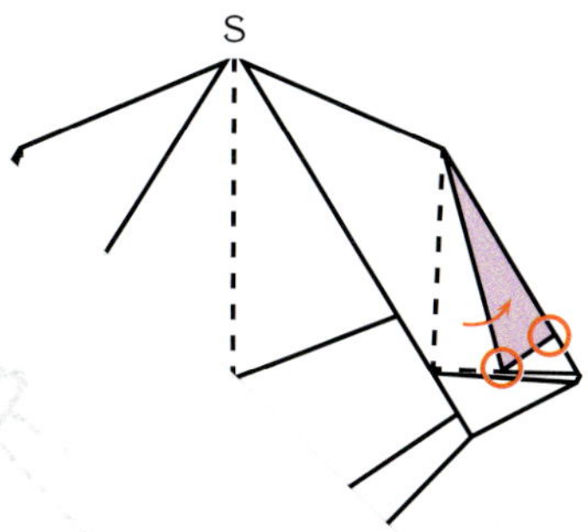
S

# Morgenstern **

Fünfstrahlig
ø 48cm, Schnitt 11
ø 35cm, Schnitt 9
ø 25cm, Schnitt 12
ø 16cm, Schnitt 10

***Wie der erste Schönheitsglanz am Morgenhimmel über den Horizont sich erhebt, so zeigt sich dieser anmutige Stern in seiner schimmernden Ausstrahlung.***

Trotz der vielen Spitzen ist der Aufbauprozess nicht kompliziert zu verfolgen. Erst wird ein Sockelgebilde aus fünf Schnitten zusammengesetzt, worauf dann die fünf größeren Strahlen hinzukommen. Damit ist die Möglichkeit gegeben, einen Stern mit zwei verschiedenen Farben hervorzuzaubern. Am besten wählen Sie dafür zwei helle Farbtöne, die miteinander harmonieren. Sie können aber auch einen einfarbigen Stern herstellen, beispielsweise mit einem karminroten Seidenpapier, das vor dem Zuschnitt kräftig durchnässt wurde. Einen anderen schönen Farbklang (lila-blau) können Sie durch Befeuchtung zweier aufeinandergelegter Blätter aus rosa- und malvenblauem Seidenpapier gewinnen. (Siehe Angaben, Seite 11)

Für die größeren Strahlen nehmen Sie fünf quadratische Schnitte, wie oben angegeben. Für den Sockel reichen drei quadratische Schnitte der gleichen Größennummer, die Sie halbieren, um Dreiecke zu bekommen. (Siehe Anleitung, Seite 13)

*Falten des Sockels:*
0. Nehmen Sie fünf Dreiecke und bilden Sie die zwei Vorbereitungsfalten. Wieder öffnen.

1. Legen Sie die (S)-Kanten auf die Mittelinie. **Dann kehren Sie den Schnitt um.**

2. Nach der Zeichnung. Kleben. **Kehren Sie den Schnitt wieder auf die Vorderseite um.**

3. Öffnen Sie beide Flügel so weit wie möglich. Die zwei versteckten Klebepunkte anbringen.

Sie können jetzt mit dem fünfstrahligen Diagramm das Zusammensetzen des Sockels fertig machen. Verwenden Sie aber nicht zu viel Klebestoff für das Zentrum.
(Siehe Grundanleitung, Seite 18)

*Falten der größeren Strahlen:*
Nehmen Sie die fünf quadratischen Schnitte und bilden Sie jeweils eine einzige Diagonale.

4. Nach der Zeichnung falten. **Kehren Sie den Schnitt um.**

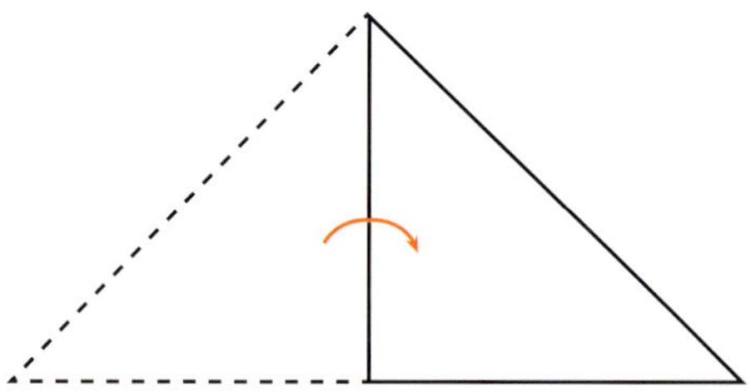
0/1

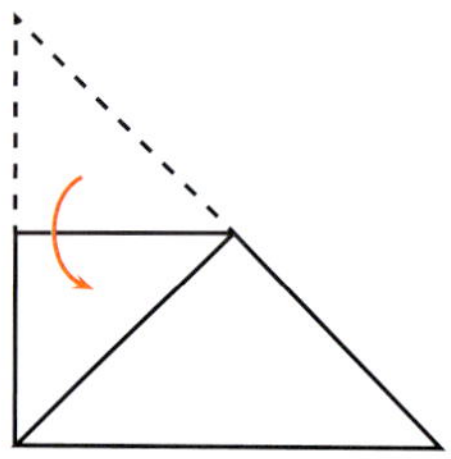
0/2

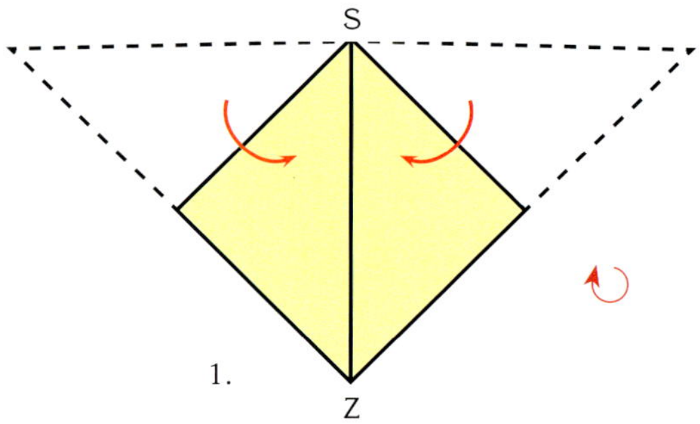

1.

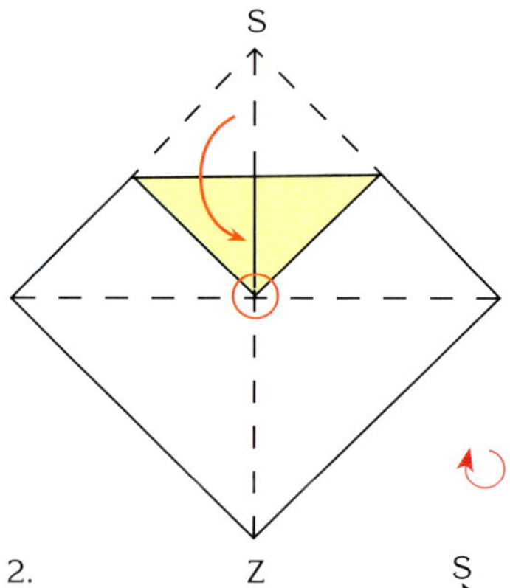

2.

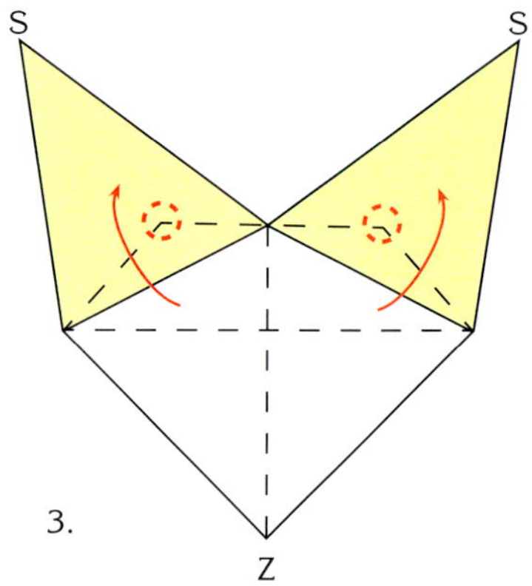

3.

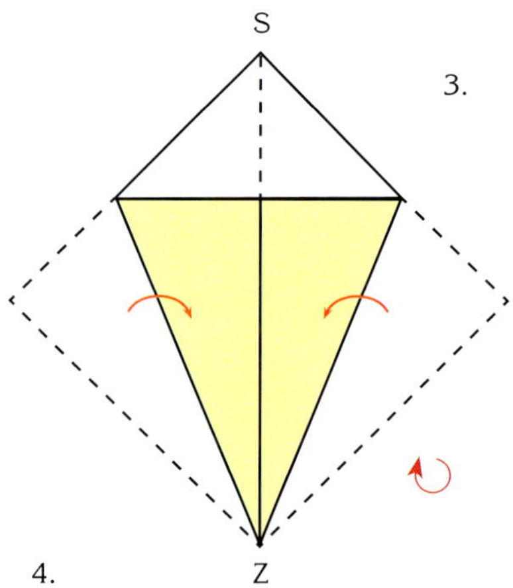

4.

5. – 6. Die Spitze (S) wird auf der Kehrseite gefaltet. Nach dem Kleben der angegebenen Punkte, **kehren Sie den Schnitt wieder auf seine Vorderseite um.**

7. Öffnen Sie beide Flügel. Kleben.

***Das Zusammensetzen:***

8. Das Zentrum (Z) der fertigen Strahlen wird ganz einfach auf die Mitte des zusammengesetzten Sockels sowie die jeweiligen Mittellinien exakt auf einander gesetzt. Dafür ist es ratsam, beim Anbringen des darunter angelegten Klebepunktes das Transparent umzudrehen.

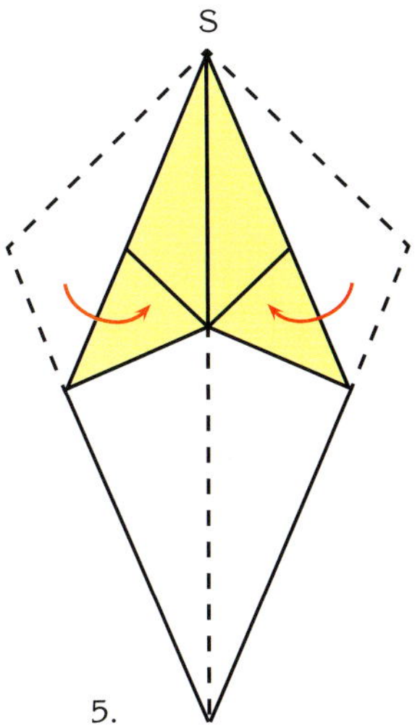


5.

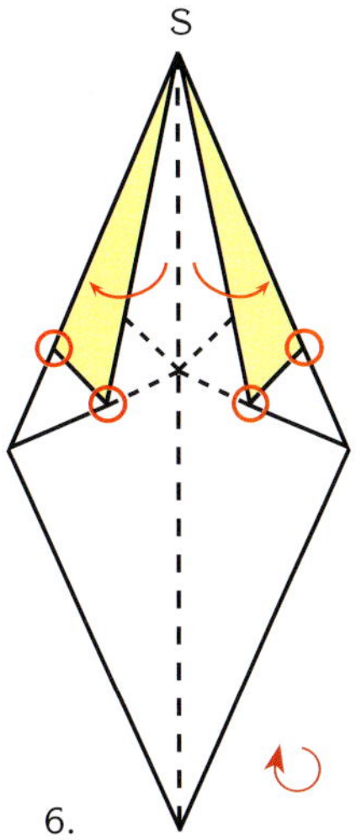


6.

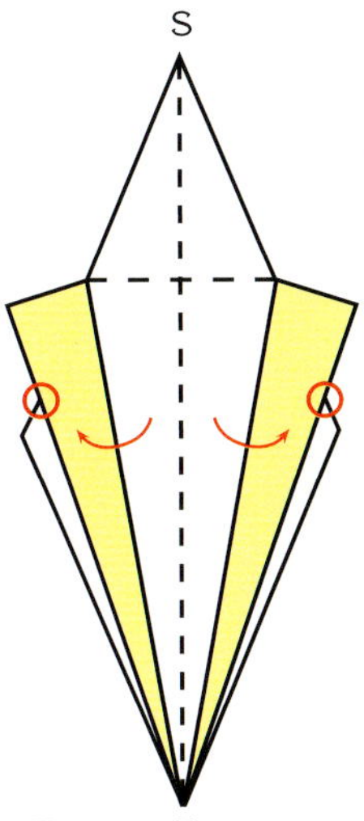


7.

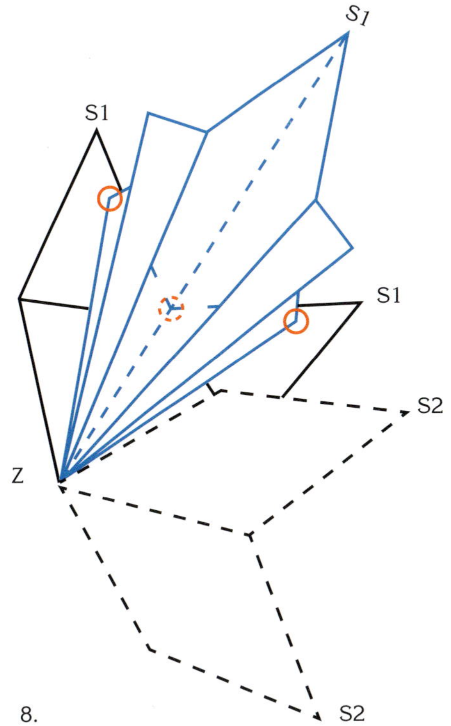


8.

# Dreikönigsstern ***

Fünfstrahlig
Stern ø 25cm, Schnitt 12
Schweiflänge 46cm, Schnitt 14
Stern ø 16cm, Schnitt 10
Schweiflänge 34cm, Schnitt 13

***Mit seinen leuchtenden Lichtstreifen reist wegweisend ein Komet durch die dunkle Nacht.***

Genau das gleiche Transparent wie das vorige wird hier in gelb-orange verwendet und an einen großen gefalteten dreieckigen Schnitt angeschlossen, der dann als Kometenschweif dient. Allerdings sind im Vergleich zum vorigen Stern nur zwei Größen (Schnitt 12 oder 10) geeignet.

Nehmen Sie dann für den Schweif einen quadratischen Schnitt wie oben angegeben, den Sie halbieren, um daraus ein Dreieck zu gewinnen. (Siehe Anleitung, Seite 13)

Folgen Sie den detaillierten Zeichnungen und helfen Sie sich stets mit der Messerklinge, um die spitz verlaufenden Falten bilden zu können.

0. Beginnen Sie mit den drei folgenden Vorbereitungsfalten. Öffnen Sie dann alle Falten wieder. Der Schnitt zeigt jetzt sieben Hilfslinien.

0/1.

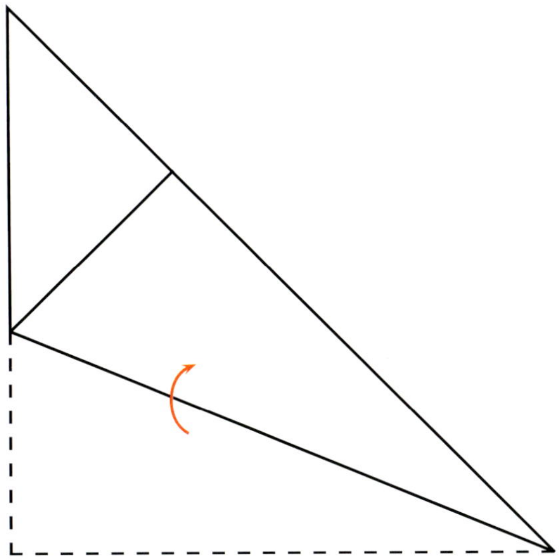

0/2.

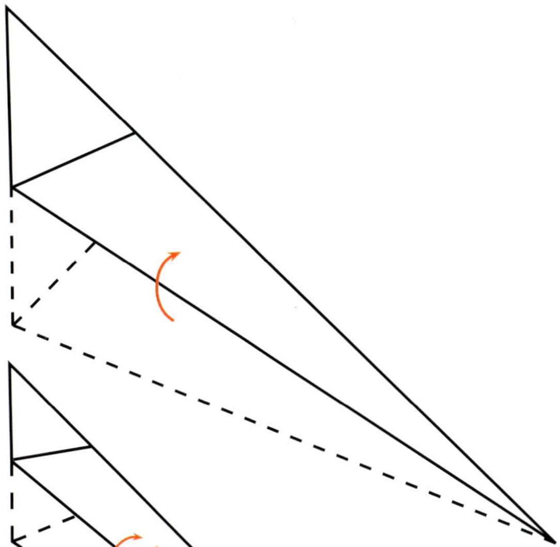

0/3.

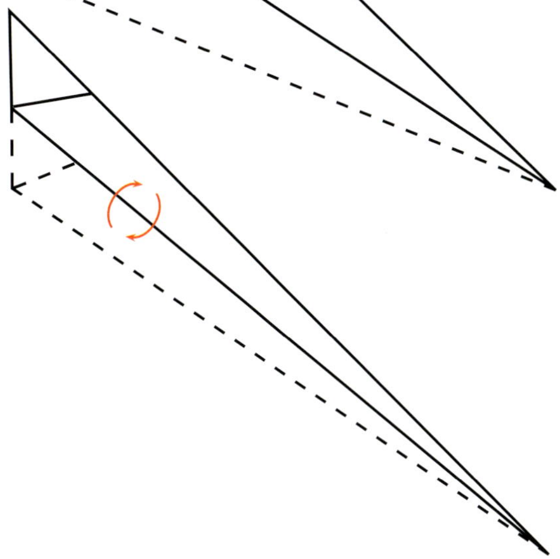

1. Falten Sie der Zeichnung entsprechend die äußersten Kanten.

2. Knicken Sie die obere Falte auf die Aussenkante zurück. Die zweite Hilfslinie wird auf die dritte verlegt.

3. Dann setzen Sie die fünfte Linie diesmal nach unten auf die vierte Linie. Alle fünf Klebepunkte anbringen. Sie können sogar mit langen Klebestrichen die Falten konsolidieren.

Von 4. – 7. Jetzt kommt eine vierfache Reihenfolge von Vorbereitungsfalten, um den endgültig richtigen Knick am Zentrum (Z) zu finden. Bilden Sie diese Hilfslinien besonders deutlich.

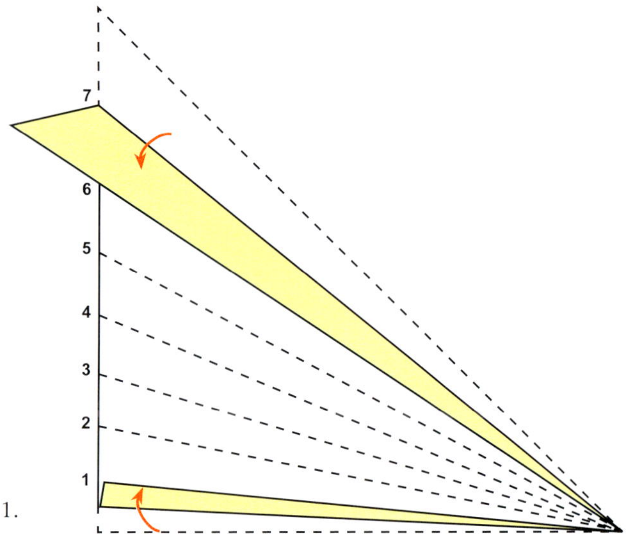


1.

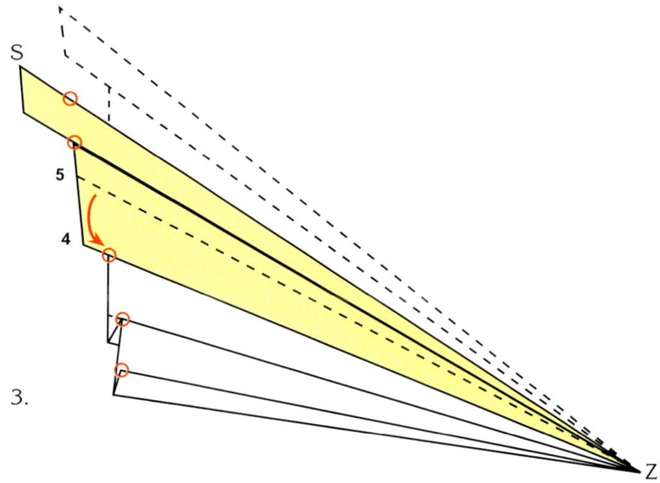


3.

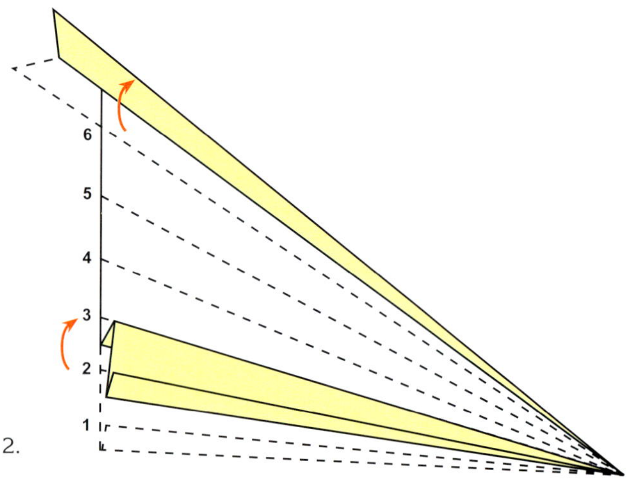


2.

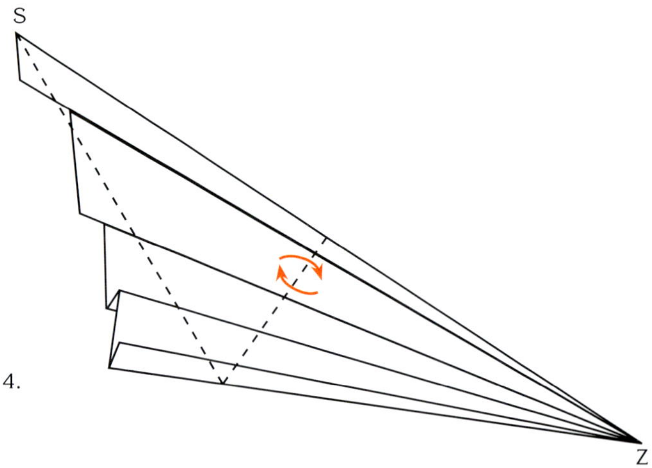


4.

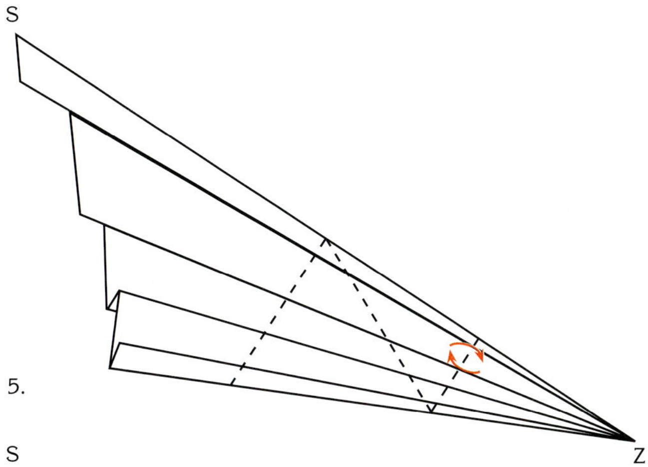


5.

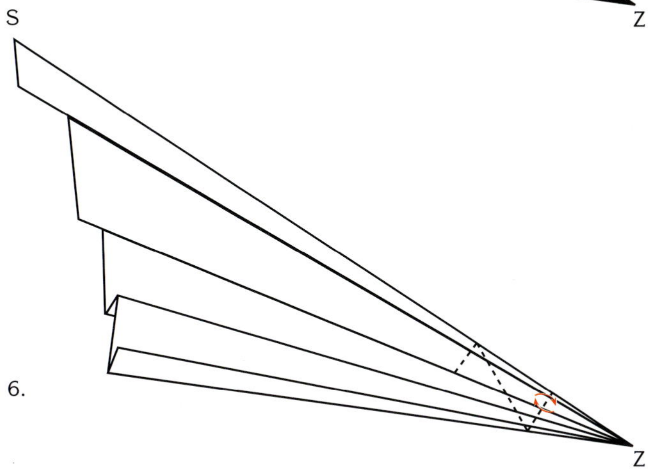


6.

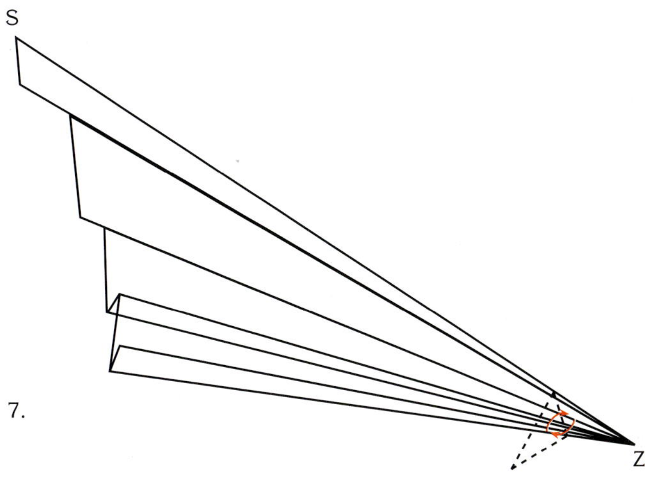


7.

8. Letzte Falte. Mit Klebepunkt und Klebestrich befestigen.

9. Setzen Sie zum Schluss den Schweif **hinter** einen langen Sternstrahl und zwar an seiner linken Kante fest, wie die Zeichnung es deutlich zeigt.

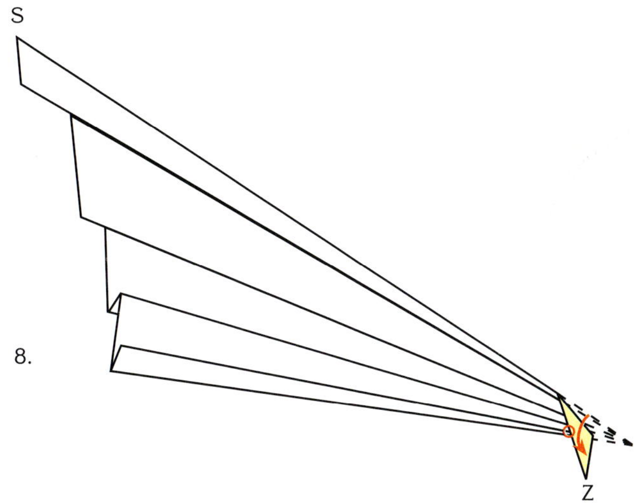


8.

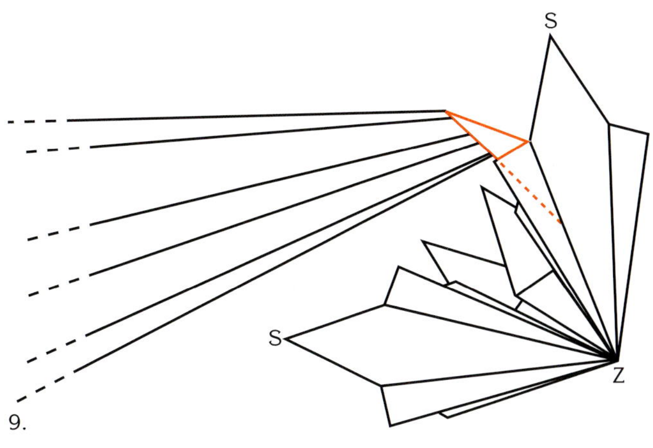


9.

# Dahlienrosette ***

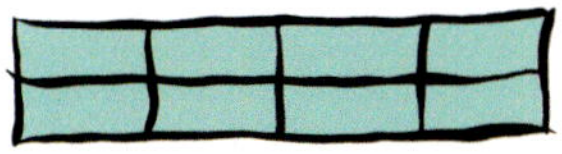

Elfstrahlig
ø 39 cm, Schnitt 5
ø 27,5 cm, Schnitt 4

***Wie die Sonnenstrahlen das gefüllte Herz dieser Rosette gewoben haben, mag noch ein Geheimnis bleiben. Doch knistert schon das Seidenpapier zwischen Ihren Fingern leise, Blatt für Blatt langsam bildet es sich, und gleich blüht im Zimmer diese herrliche Gartenpracht.***

Wegen des doppelt gefalteten Schnittes verwenden Sie ausschließlich nur helle Farben. Wenn Sie die Seidenpapierfarbe mehr beleben wollen, können Sie hier mit Aquarelltupfen einer verwandten Farbnuance vorgehen oder einfach das Blatt mit Wassertropfen entfärben (siehe Angaben Seite 11).
Schneiden Sie elf lange Rechtecke nach Schnitt 4 oder 5. Falten Sie zunächst den Schnitt in die Breite für die Mittellinie. Öffnen Sie und falten Sie dann zweimal in die Länge, um drei senkrechte Linien zu bilden. Diese letzteren fest kniffen. Wieder öffnen.

1. Bilden Sie erst die zwei horizontalen Vorbereitungsfalten.

2. Legen Sie der Zeichnung entsprechend die äußersten Kanten auf die Hilfslinien.

3. Knicken und kleben sie als Erstes die vier Eckchen. Danach bilden Sie die vier Vorbereitungsfalten, indem Sie die Seitenkanten jeweils auf die Mittellinie legen und wieder loslassen.

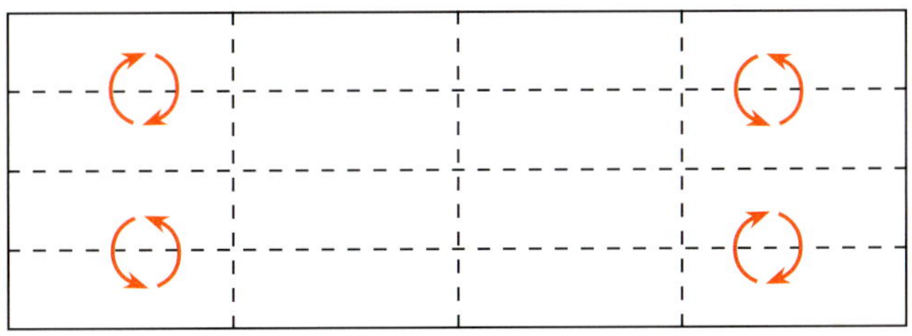

1.

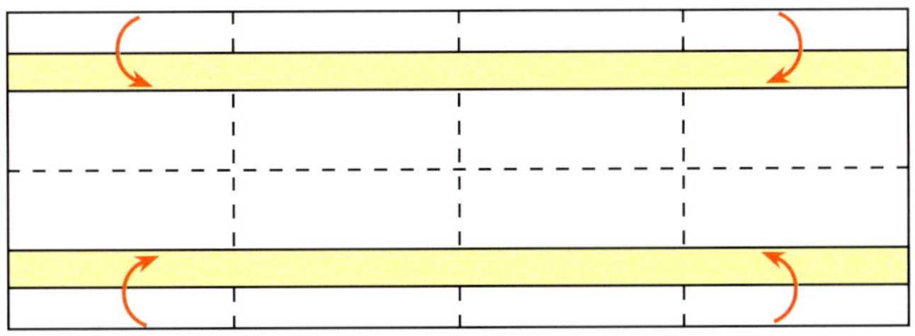

2.

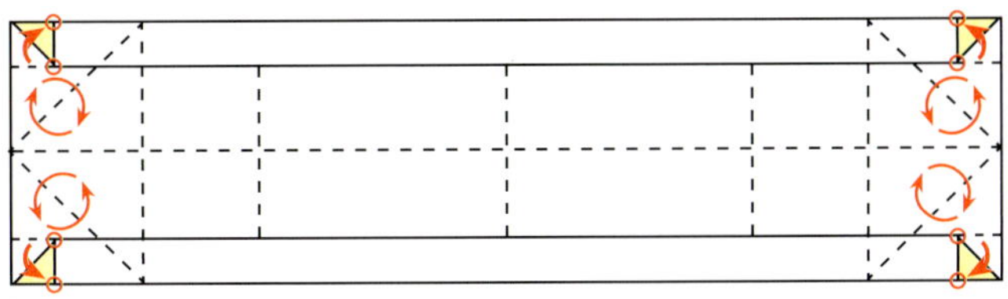

3.

4. Legen Sie dann die Außenkanten auf die neuen Hilfslinien. Kleben.

5. Wiederum kommen zwei Vorbereitungsfalten. Legen Sie dabei die äußersten Winkel auf die entsprechende Kreuzung zwischen Mittellinie und vertikaler Hilfslinie. Wieder öffnen.

6. Jetzt falten und kleben Sie die Seitenecken auf die neu entstandenen Kreuzungspunkte.

7. Nun kippen Sie eine Schnittseite über die andere so, dass die Eckchen mit dem gegenüberliegenden Treffpunkt der Flügel zusammentrifft. Kleben.

8. Die entstandene Basiskante falten. Sie wird zum Zentrum (Z).

9. – 10. Das Zentrum (Z) weiterfalten und kleben. Wegen der Dichte der Faltungen ist hier die Messerklinge sehr hilfreich, um die letzten Falten exakt und schön glatt bilden zu können.

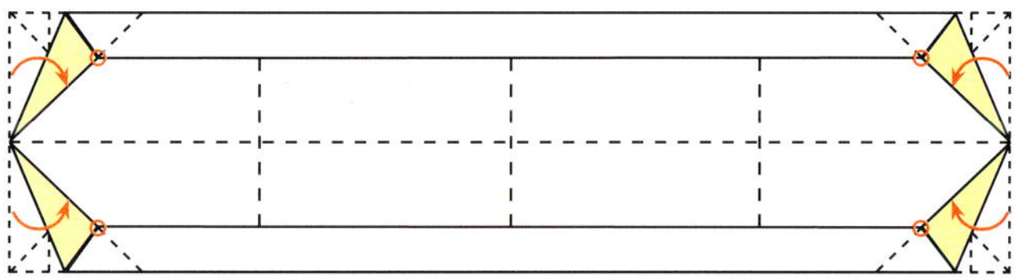
4.

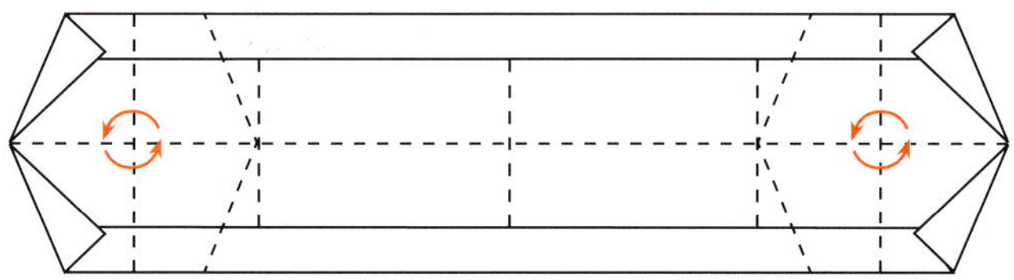
5.

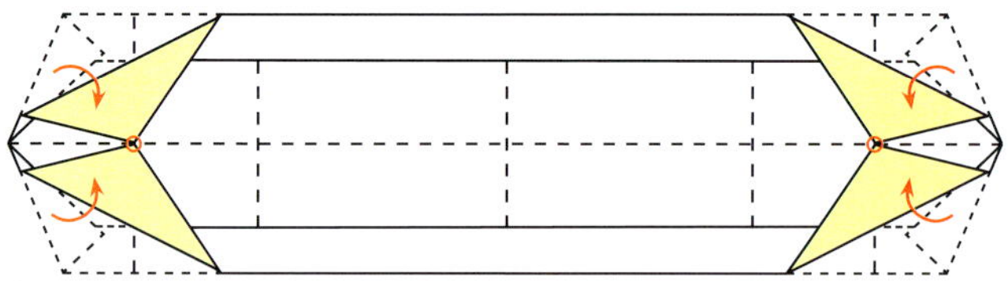
6.

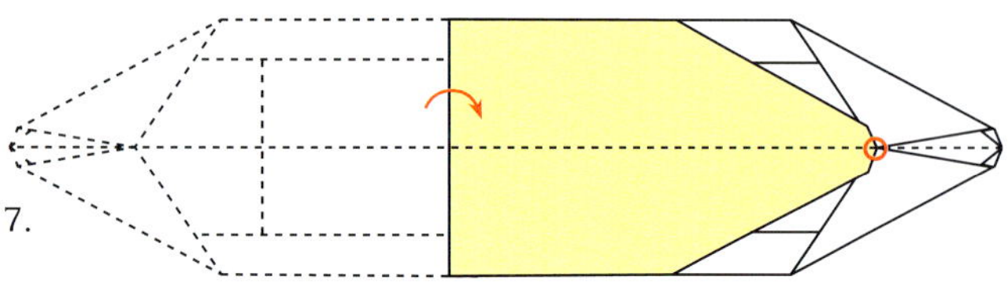
7.

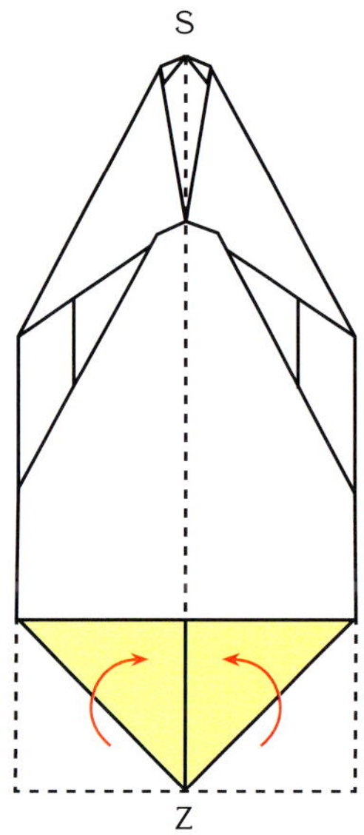

8.

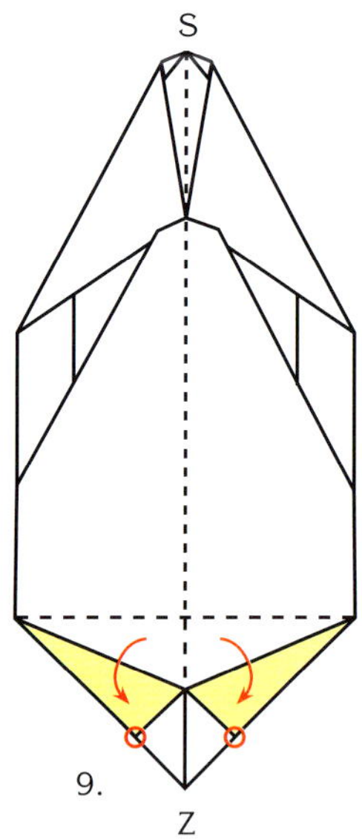

9.

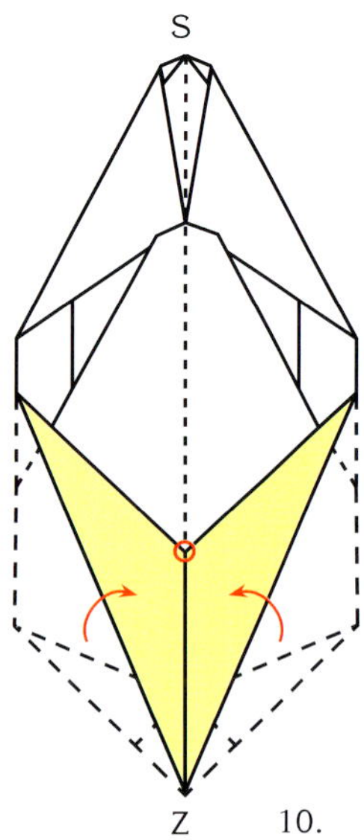

10.

*Das Zusammensetzen:*

11. Wenn Sie das Seidenpapier nicht nass bearbeitet haben, so finden Sie den Stützpunkt für das Zusammensetzen beim Schnitt 4 direkt auf der inneren Schrägkante des ersten Schnittes. Beim größeren Schnitt 5 ergibt sich eine winzige Entfernung von 2 mm.

Falls Sie aber das Papier nass behandelt haben, wird dieses sich wohl etwas zusammengezogen haben. In diesem Fall verschieben Sie die Ecke vom zweiten Schnitt eher etwas innerhalb der Schrägkante vom ersten Schnitt, und zwar beim Schnitt 4 ca. mit 2 mm und beim Schnitt 5 ca. mit 4 mm Entfernung.

Kleben Sie hier am besten Ihre Schnitte zunächst so leicht wie möglich aneinander, damit Sie noch an manchen Stellen diesen kleinen Spielraum nachkorrigieren können. Erst wenn Sie Ihre elf Schnitte zu einem harmonischen Ganzen gebracht haben, können Sie das Transparent mit Klebestrichen zusätzlich konsolidieren.

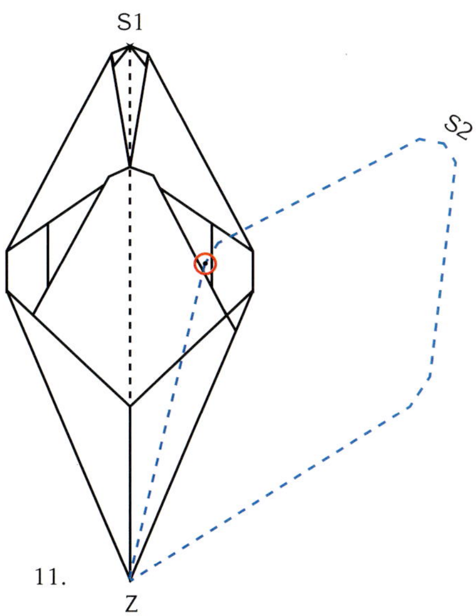


11.

# Faschingsfliege *****

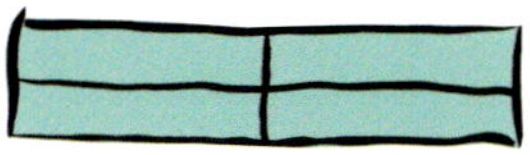

34,5cm Länge, Schnitt 6
24,5cm Länge, Schnitt 8
17,5cm Länge, Schnitt 7

***Dieses interessante Gebilde entstand auch aus reiner Faltfreude und war das erstaunliche Ergebnis von zwei besonderen Kunstgriffen. So erscheint eine lustige Schleife aus Seidenpapier, die an bunte flatternde Schmetterlingsflügel erinnern kann!***

Jede Papierfarbe eignet sich zu diesem Transparent, insofern sie für den mittleren Knoten noch lichtdurchlässig bleibt. Selbstverständlich können Sie die Grundfarbe beliebig verändern, sei es durch Entfärben, sei es durch freie zusätzliche Pinselstriche. (Siehe Angaben, Seite 11). Außerdem besteht die Möglichkeit einer leicht dreidimensionalen Entfaltung, die eine gewisse Verschwommenheit hervorruft, weil es nur wenige Klebepunkte gibt.

Nehmen Sie einen einzigen rechteckigen Schnitt, wie oben angegeben. Die kleinere Schnittgröße 7 erfordert wegen der feinen Faltungen etwas mehr Fingerspitzengefühl als die zwei anderen.

Bilden Sie beide Mittellinien.

1. Legen Sie die zwei äußeren Kanten auf die kleine Mittellinie.

2. – 3. Dann bilden Sie erst bei der linken Schnittseite die folgenden Vorbereitungsfalten recht deutlich. Alle diese Falten wieder öffnen.

4. Jetzt kommt der erste kleine Kunstgriff mit einem ähnlichen Vorgang wie die sogenannte «Trichterfalte», um eine innere Pfeilbildung zu gestalten. Schieben Sie also bei der linken oberen Kante einen Finger zwischen die zwei Papierlagen, wie angedeutet und bewegen Sie die erste Schicht nach innen so, dass die linke Außenkante mit Hilfe des Fingerdrucks auf die Mittellinie flach herabgesetzt wird. Die weiteren Kanten setzen sich dann entsprechend auf die Hilfslinien wie von selbst.

5. – 6. Die Innenkante wird zweimal hintereinander zurückgeknickt. **Dann wiederholen Sie den gleichen Faltprozess vom Schritt 4 aus bis zum Schritt 6 für die drei anderen ungefalteten Schnittwinkel.** Bei dieser ganzen Prozedur gibt es keine Klebepunkte. Achten Sie darauf, dass gegebenenfalls die Faltlinien schön exakt aufeinander liegen bleiben und dass die Papierschichten nicht auseinander rutschen.

7. So sieht der Schnitt momentan aus. Es folgen jetzt vier Vorbereitungsfalten für den mittleren Teil. Dabei werden die Innenkanten auf die lange Mittellinie gelegt und wieder geöffnet. **Kehren Sie dann Ihren Schnitt um!**

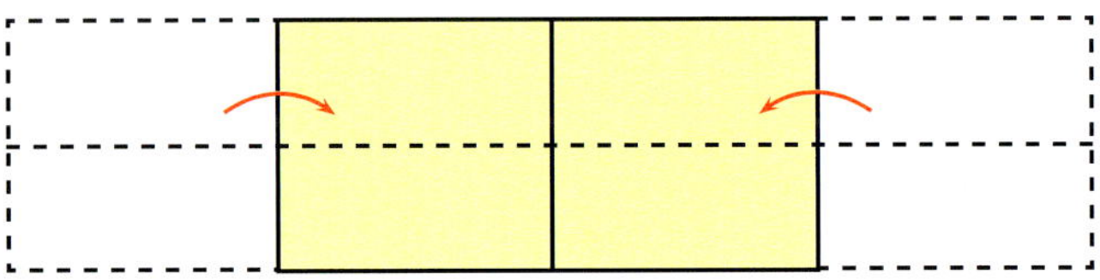

1.

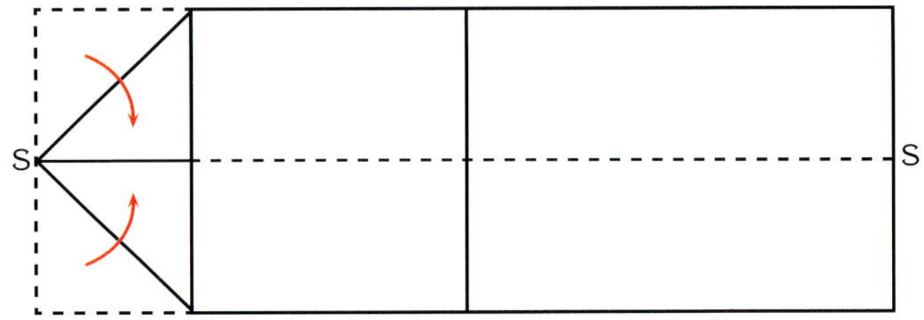


2.

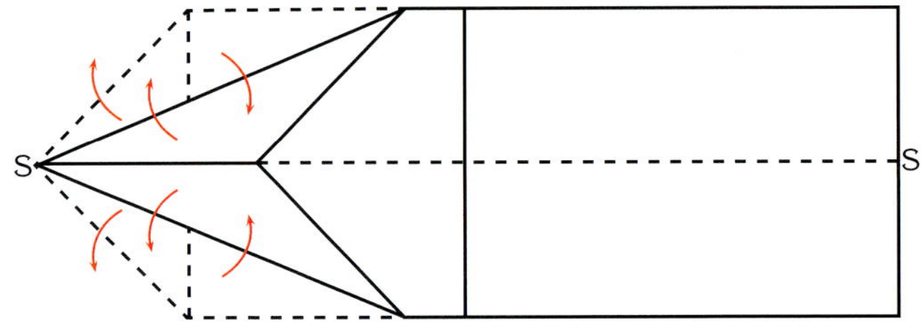


3.

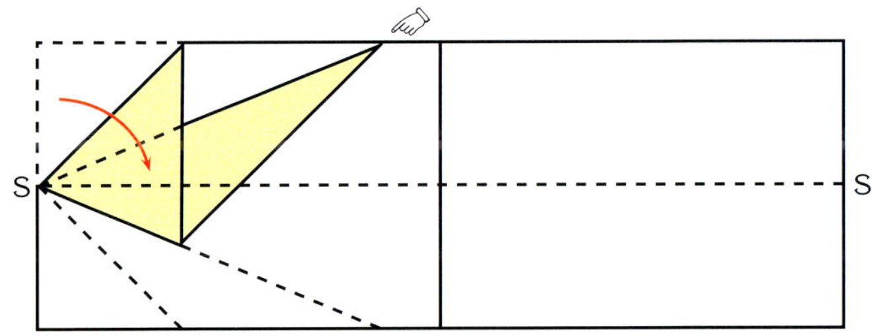


4.

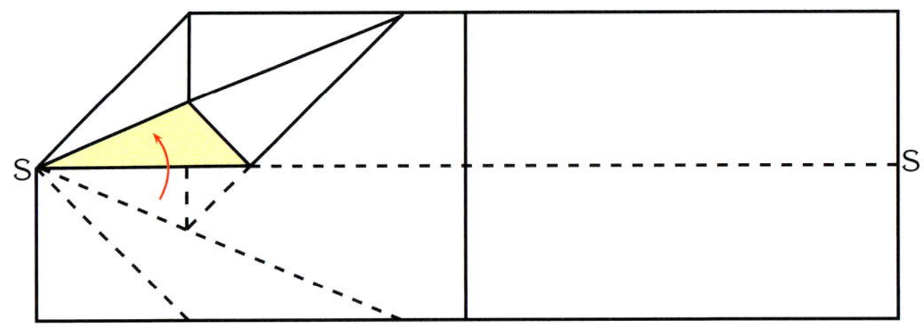


5.

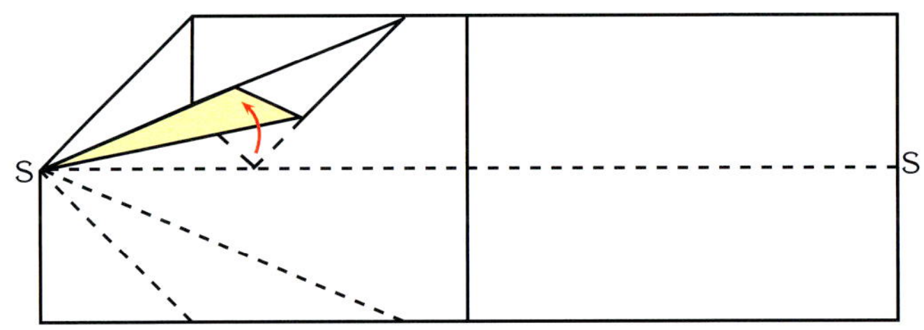


6.

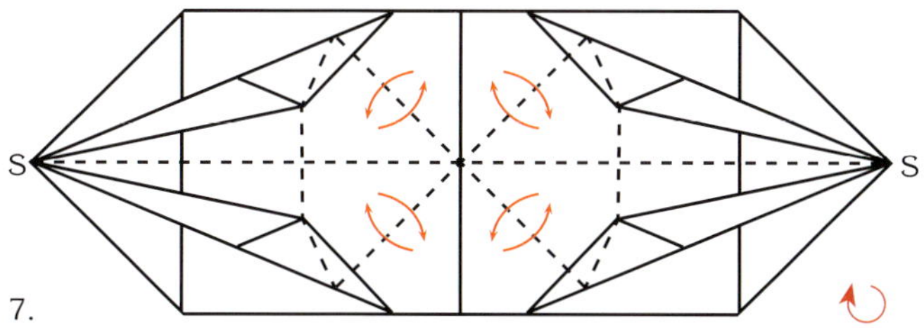


7.

8. Um den abgebildeten Stand der Zeichnung zu erreichen, müssen Sie den eben umgekehrten Schnitt bis zur Hälfte auf die Tischkante vor sich hinlegen, damit Sie die lose untere Spitze nach oben hervorholen können. Diese Spitze (S) legen Sie dann auf die Kreuzung der Mittellinien. Für die andere Schnittseite gehen Sie genauso vor. Kleben Sie beide Spitzen an den Mittelpunkt fest. Dadurch hat jetzt der Schnitt zwei neue Außenspitzen (S) bekommen.
Knicken Sie erst die vier Eckchen an diesen neuen Spitzen (S) zurück, wie die Zeichnung es links anzeigt. Dann knicken Sie diese vier Eckchen weiter wie bei der Zeichnung rechts.
**Kehren Sie den Schnitt wieder um!**

9. Der nächste Faltvorgang ist auch hier in zwei Schritten zu verstehen: Erst bilden Sie die Vorbereitungsfalten für die vier rechteckigen Winkel, wie sie links auf der Zeichnung angezeigt sind. Wiederöffnen.
Ferner bilden Sie die vier sogenannten «Trichterfalten» (der zweite Kunstgriff also), wie sie hier nur rechts dargestellt sind. Dabei setzen Sie die Außenkanten auf die darunter liegenden Hilfslinien herab. Beim Übergang erscheint die bekannte Trichterform.

10. Um den letzten Schliff herbeizuführen, müssen Sie diese vier Trichterfalten noch vervollkommnen. Verstellen Sie bei jeder Trichterfalte den inneren Winkel leicht nach innen (Pfeilrichtung), bis die äußere Kante die kleine Mittellinie erreicht. Halten Sie mit dem Finger diese Kante fest, dann lassen Sie wieder die Trichterfalte in die ursprüngliche Stellung zurückgleiten. Die vier inneren Winkel müssen auf den entsprechenden darunter schimmernden Kanten der Innenspitzen exakt darauf sitzen. Bringen Sie die zwei Klebepunkte an. Nur an diesen Stellen werden die zwei Klebefilmstreifen angebracht.

**Kehren Sie den fertigen Schnitt auf seine Vorderseite um.** Am Fenster können Sie dann Ihre Faschingsfliege dreidimensional leicht vorziehen.

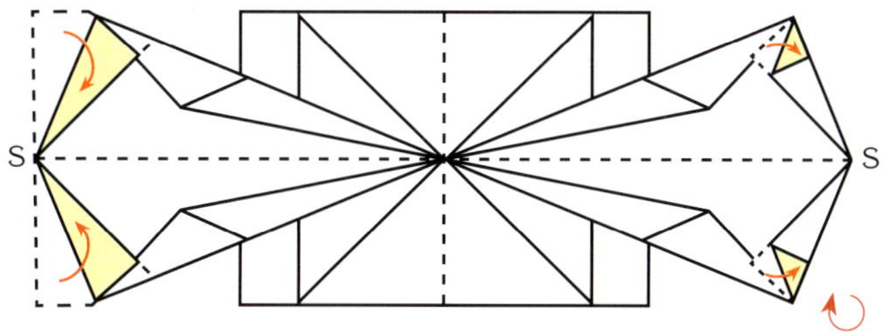


8.

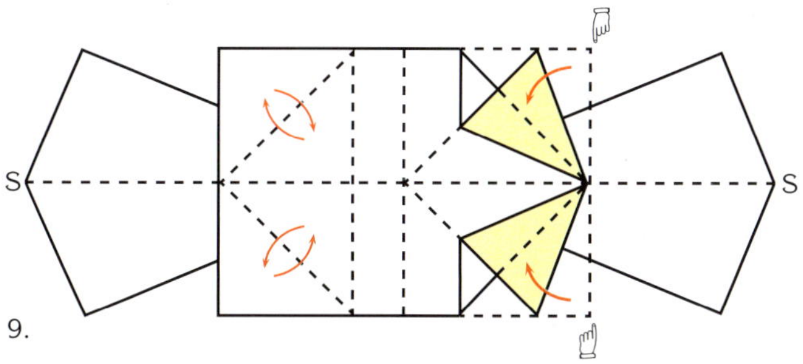


9.

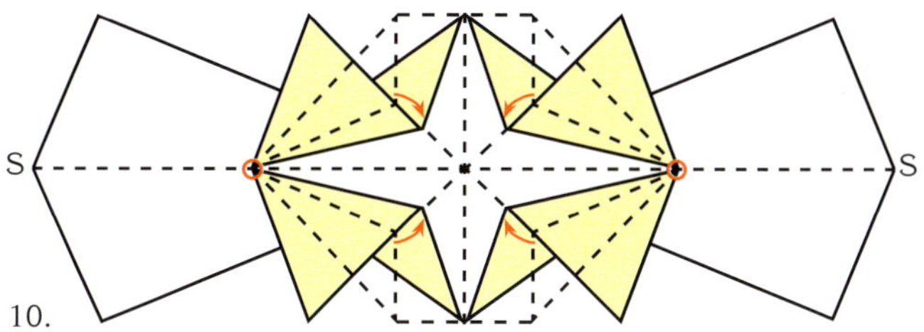


10.

# Kreuzmedaillon *****

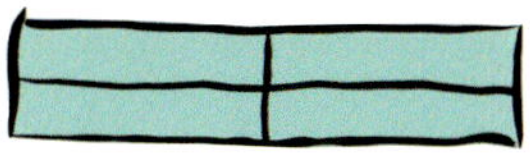

Vierstrahlig
ø 34,5cm, Schnitt 6
ø 24,5cm, Schnitt 8
ø 17cm, Schnitt 7

***Edel und fein – dieses ausgewogene Kreuzornament offenbart durch klare Linien aus dem leicht dreidimensionalen achteckigen Medaillon eine besonders schöne Leuchtkraft.***

Wenn Sie bereits das vorige Transparent «Faschingsfliege» ausgeführt haben, wird Ihnen dieses Kreuz keine Schwierigkeit mehr bereiten, weil es davon mit wenigen Verwandlungen eine Fortsetzung ist.

Eine helle Farbe lässt das Rhombusmotiv am Zentrum besonders gut hervortreten. Neben der vielseitigen Bereicherung mit dem Färben oder mit dem Entfärben des Seidenpapiers bietet sich noch eine weitere Möglichkeit. Sie können vor dem Zuschneiden ein weißes Blatt nehmen und es z.B mit einer gelben oder einer orangen Aquarellfarbe (oder Ecoline) färben, indem Sie tupfenweise mit dem Schwämmchen ein breites Farbband durch die Blattmitte durchziehen und es an den beiden Seiten zart auslaufen lassen. Es erscheint dann im Kreuz eine sanfte Ausstrahlung von der Mitte aus.

Nehmen Sie zwei rechteckige Schnitte, wie oben angegeben. Bilden Sie beide Mittellinien und verfolgen Sie erst die gleichen Anleitungen wie bei «Faschingsfliege» (Seite 62) bis inklusiv Schritt 6.

1. Falten Sie dann weiter die vier inneren Winkel, wie die Zeichnung es nur links zeigt. Anschließend schließen Sie die mittleren Flügel auf beiden Seiten so, wie es nur rechts auf der Zeichnung angegeben ist. **Kehren Sie den Schnitt um!**

Es folgt genauso wie beim vorigen Transparent Schritt 8 (Seite 63) beschrieben, die Umkehrung der zwei Spitzen (S).

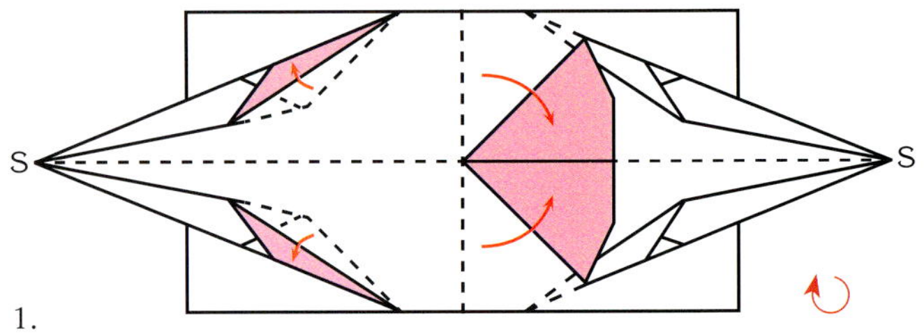

1.

2. Falten Sie nun die neuen Außenspitzen (S) wiederum in zwei Schrittfolgen: zunächst knicken Sie die vier Ecken zurück wie links auf der Zeichnung; dann verfeinern Sie, wie die Zeichnung es rechts zeigt.

Kleben Sie die Innenspitzen am Zentrum **aber nur bei dem ersten Schnitt.** Beim zweiten Schnitt werden sie vorläufig frei gelassen. **Kehren Sie die Schnitte um!**

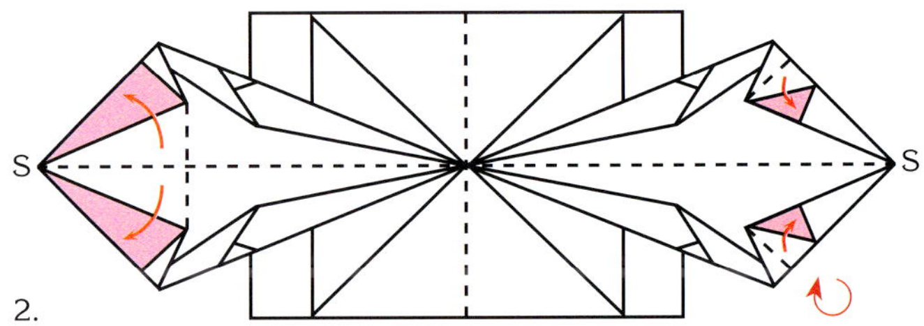

2.

Für die nächsten Faltvorgänge greifen Sie wieder zu den Anleitungen vom vorigen Transparent bei Schritt 9 und 10 zurück. (Seite 63)
**Kehren Sie dann beide Schnitte auf die Vorderseite wieder um!**

3. Mit der Rasierklinge (oder mit einem scharfen Messer) schlitzen Sie auf beiden Seiten die vier Doppelkanten bis zum Anstoß der jeweiligen (S)-Spitzenkanten vorsichtig auf, wie die Zeichnung es nur links zeigt (rotes Pfeil). Es folgen dann zwei Faltschritte für diese vier befreiten Ecken: als erstes entsprechend der Zeichnung links und als zweites gestalten Sie die feinen Falten, wie die Zeichnung es rechts verdeutlicht. Helfen Sie sich dabei mit dem Messerrücken, damit diese vier Falten schön spitz verlaufen.

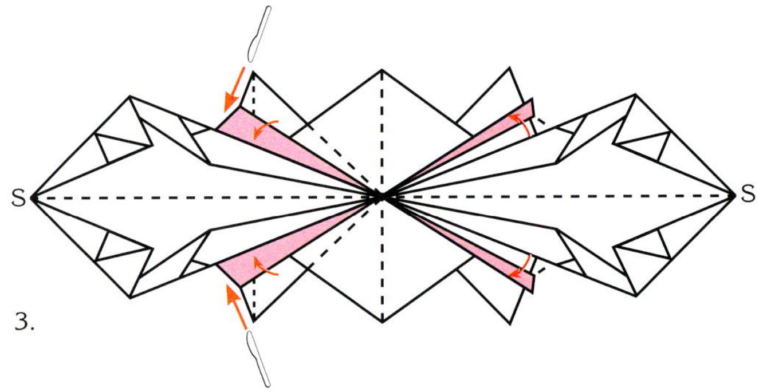

3.

4. Das Zusammensetzen der zwei fertig gefalteten Schnitte ist einfach. Schieben Sie den Schnitt mit den geklebten Innenspitzen in den anderen hinein, indem Sie die noch losen Spitzen hochheben. Legen Sie beide Schnitte exakt Zentrum auf Zentrum. Kleben. Befestigen Sie auch auf der Rückseite die losen Ecken auf ihren entsprechenden Mittellinien. Verleihen Sie dem Kreuzmedaillon am Fenster einen luftigen Effekt, indem Sie den mittleren Teil leicht dreidimensional hervorheben.

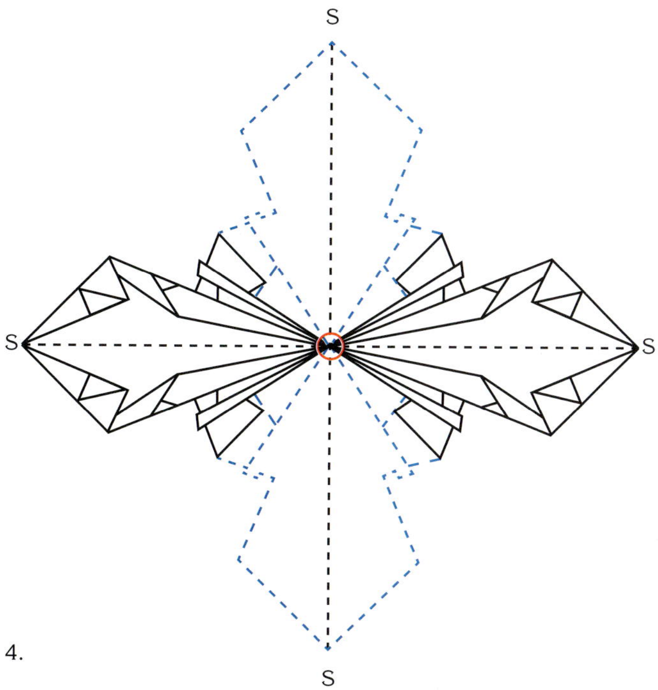


4.

Stern 2 ↑ Stern 3 ↓ Stern 1 ↑ Stern 4 ↓

# Fünfstern-metamorphosen *

Fünfstrahlig

| Stern Nr. 1 u. 2, | Stern Nr. 3, | Stern Nr. 4, |
|---|---|---|
| ø 30 cm | ø 35 cm | ø 42,5 cm, Schnitt 11 |
| ø 22 cm | ø 25,5 cm | ø 30,5 cm, Schnitt 9 |
| ø 15 cm, | ø 17 cm | ø 23,5 cm, Schnitt 12 |

***Diese vier anmutigen Blütensterne sind miteinander eng verwandt und doch zeigt deutlich ein jeder seine besondere Eigenart. Sie lassen sich schnell und einfach gestalten und bringen am Fenster eine freudige und leichte Stimmung mit.***

Weder für die Farbauswahl des Seidenpapiers noch für ihre künstlerische Umarbeitung werden Grenzen gesetzt.
Je nach Sternumfang, den Sie gestalten wollen, nehmen Sie fünf viereckige Schnitte, wie oben angegeben und bilden Sie die zwei Diagonalen.

***Falten des Sterns Nr. 1:***

1. – 2. Einfach nach den Zeichnungen falten und kleben.

3. Vorbereitungsfalten: legen Sie die Außenkanten auf die Diagonale. Wiederöffnen.

4. Setzen Sie die Kanten auf die Hilfslinien fest. Helfen Sie sich falls nötig mit der Messerspitze. Kleben. Sie können gleich die fünf fertigen Schnitte zusammensetzen. (Siehe Hinweis am Schluss dieser Anleitungen).

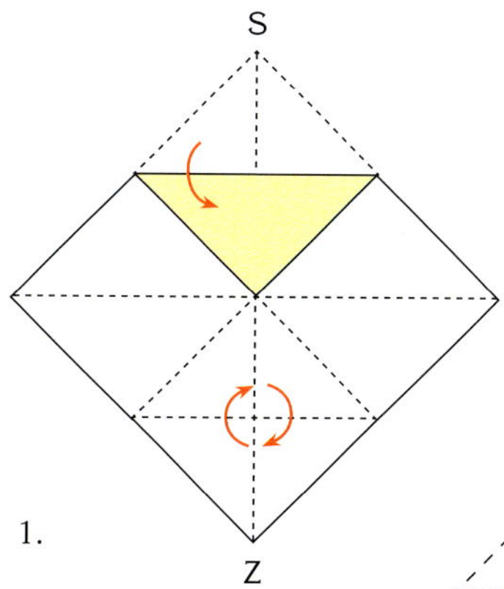


1.

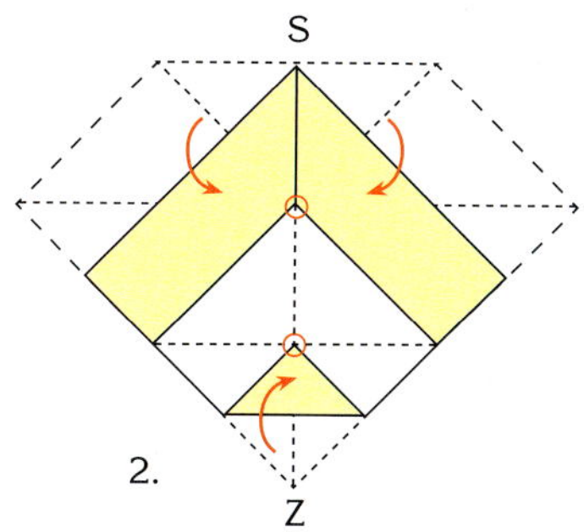


2.

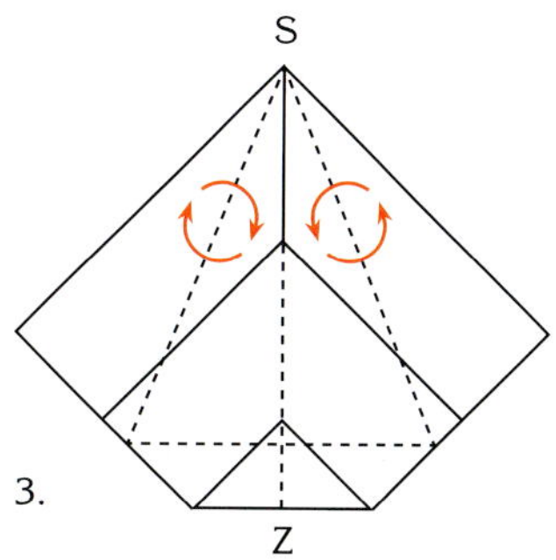


3.

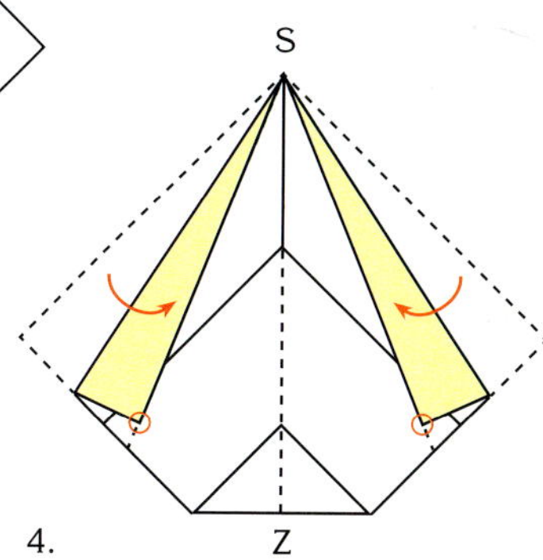


4.

***Falten des Sterns Nr. 2:***

Dieser Stern ist die direkte Fortsetzung des vorigen. Falten Sie also erst bis inklusiv Zeichnung 4.

5. Dann bilden Sie die Vorbereitungsfalten für das Zentrum (Z).

6. Fahren Sie nach der Zeichnung für (S) und (Z) fort. Die vier Klebepunkte anbringen und fertig!

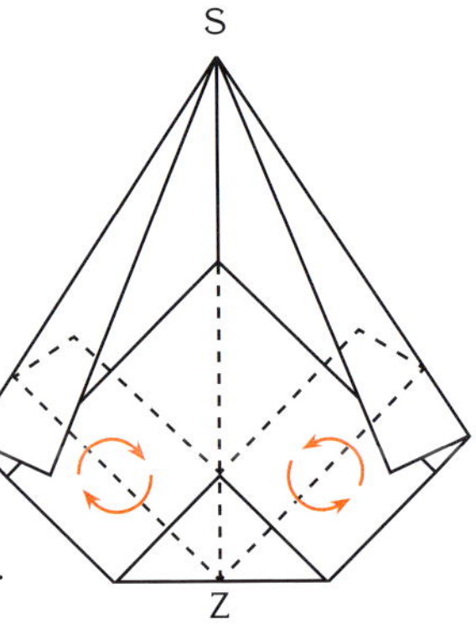

5.

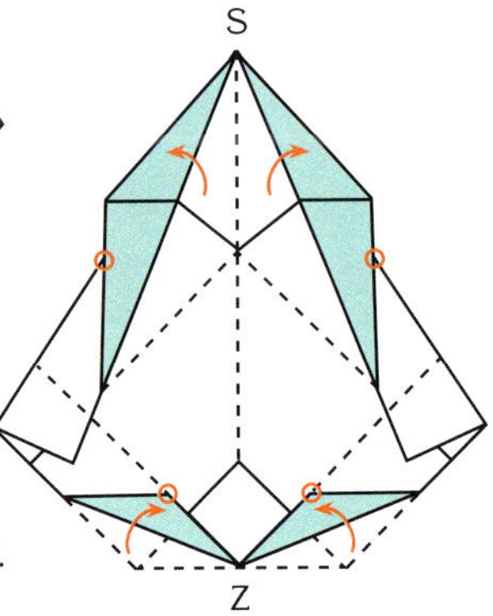

6.

***Falten des Sterns Nr. 3:***

Bilden Sie neu die zwei Diagonalen für die fünf quadratischen Schnitte.

7. Falten Sie erst die Spitze (S). Vorbereitungsfalte für das Zentrum (Z). **Dann verfolgen Sie erst den selben Faltprozess nur für die Spitze (S) bis einschließlich Schritt 4 vom Stern Nr. 1. (Seite 69)**

8. Machen Sie die Innenkanten der Spitze (S) ganz auf. Legen Sie das Zentrum (Z) auf den unteren Kreuzpunkt.

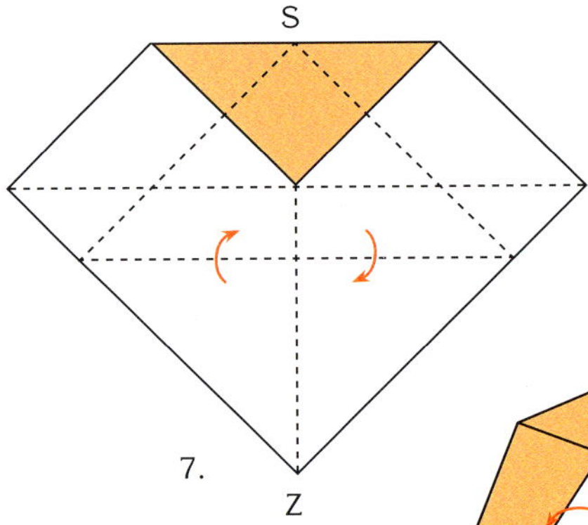

7.

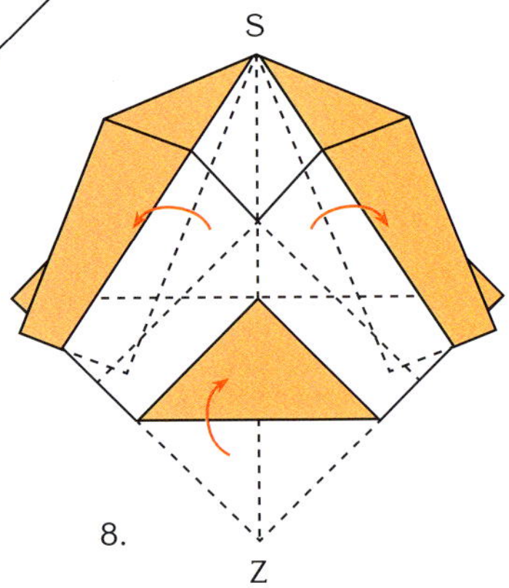

8.

9. Heben Sie (⇛) den angezeigten Innenwinkel der Spitze (S) leicht hervor, um seine Kantenfalten zu befreien. Glätten Sie mit den Fingern die obere (S) Falte flach, um die neue Spitze (S) nach oben zurückzuknicken.

Das Zentrum (Z) fertig falten. Bringen Sie die angezeigten Klebepunkte an. Für den Klebepunkt bei der Spitze (S) müssen Sie den Schnitt umkehren. Es tritt dann das subtile flache Dreieckchen besonders deutlich hervor.

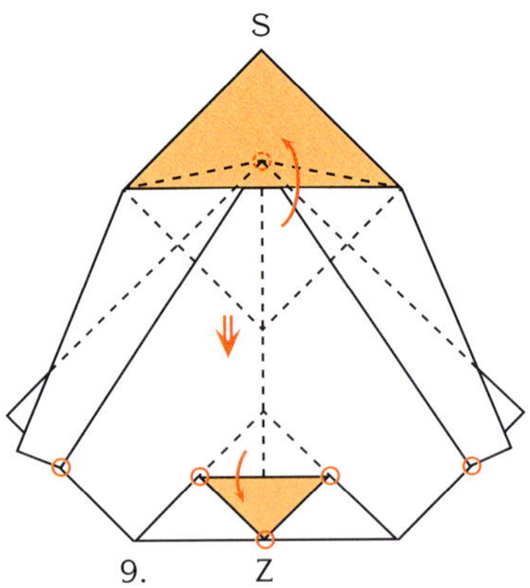

9.

*Falten des Sterns Nr. 4:*
Bilden Sie beide Diagonalen. Greifen Sie zur Zeichnung 1 vom Stern Nr. 1 (Seite 69) zurück. Bilden Sie genauso die Vorbereitungsfalte für das Zentrum (Z) und gleich wie die dortige Spitze (S) falten Sie dieses Mal die zwei Seitenwinkel.

10. Falten Sie dann weiter nach der Zeichnung.

11. Zwei Vorbereitungsfalten: Legen Sie erst den rechten oberen Winkel auf den Kreuzpunkt der Diagonalen und öffnen Sie wieder. **Dann wiederholen Sie für die linke Schnittseite genauso.**

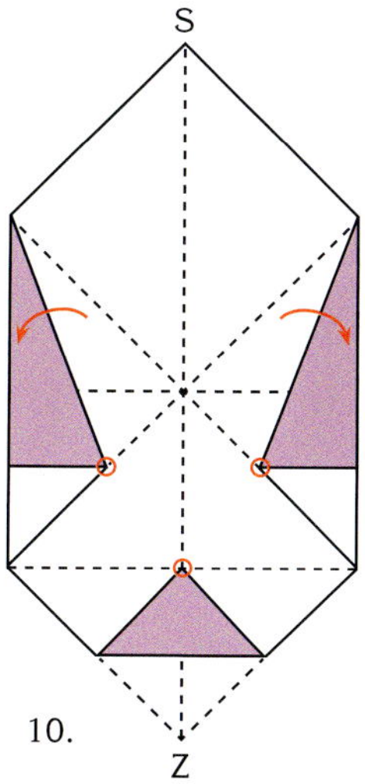

10.

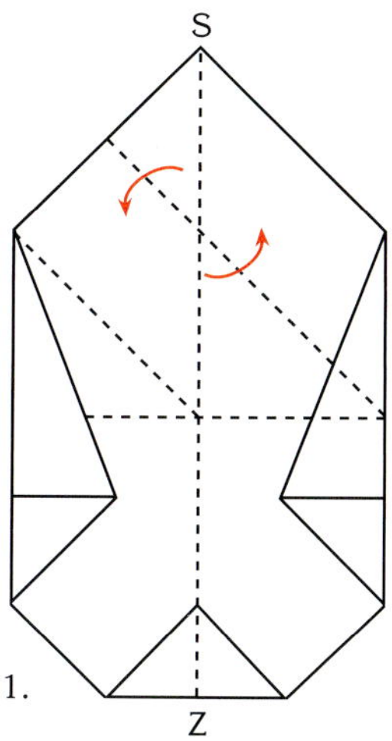

11.

12. Setzen und kleben Sie die Seitenkanten auf diese neuen Hilfslinien fest.

***Das Zusammensetzen :***
Für diese vier Sterne verwenden Sie das fünfstrahlige Diagramm. (Siehe Grundanleitung, Seite 18)
Dabei werden Sie feststellen, dass der Stützpunkt vom Zentrum (Z) entweder ein Winkel (bei Stern Nr. 2 und 3), oder die Diagonallinie ist (Stern Nr. 1 und 4).

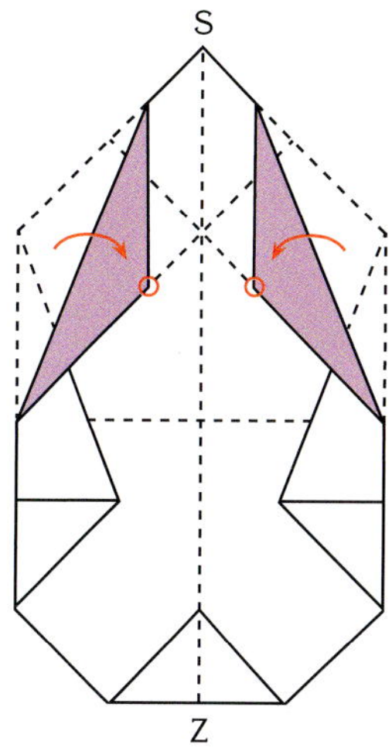

12.

# Sternsiegel ***

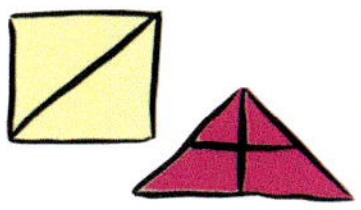

Sechsstrahlig
ø 44,5 cm, Schnitt 9
ø 31,5 cm, Schnitt 12

***Diese fein ziselierte Sternstruktur ruft eine besonders strahlende Wirkung hervor. Ihre starke Präsenz am Fenster vermittelt auch gleichzeitig den Eindruck von Leichtigkeit, als ob der Stern leicht emporschweben möchte.***

Ein warmer Gelbton sowie eine zarte lila Farbe eignen sich dafür sehr gut. Sie können sich aber auch einen kühleren Farbton aussuchen, vorausgesetzt, dass er nicht zu kräftig und zu dunkel ist.

Bei diesem Transparent haben wir wieder einen zweiteiligen Aufbau mit Sockel und eingesetzten Spitzen. Für den Sockel benötigen Sie drei quadratische Schnitte wie oben angegeben, die Sie halbieren, um sechs Dreiecke zu bekommen. (Siehe Anleitung, Seite 13) Ferner brauchen Sie für die Spitzen sechs quadratische Schnitte, jeweils der gleichen Größennummer 12 oder 9.

***Falten des Sockels :***

0. Nehmen Sie Ihre sechs Dreiecke und bilden Sie die zwei Vorbereitungsfalten. Öffnen Sie wieder.

1. Falten und kleben Sie beide Flügel.

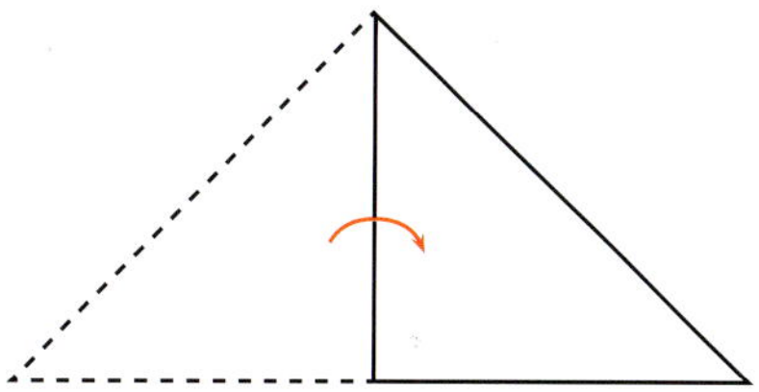

0/1.

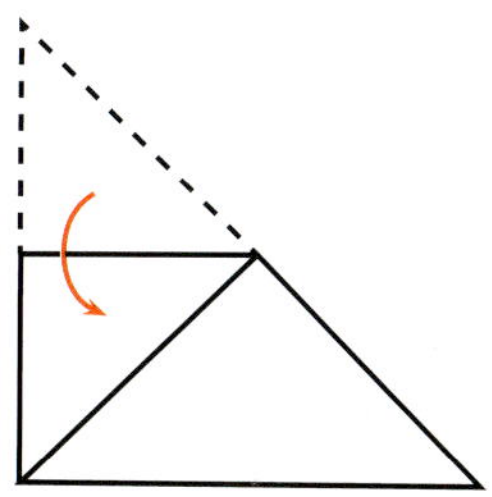

0/2.

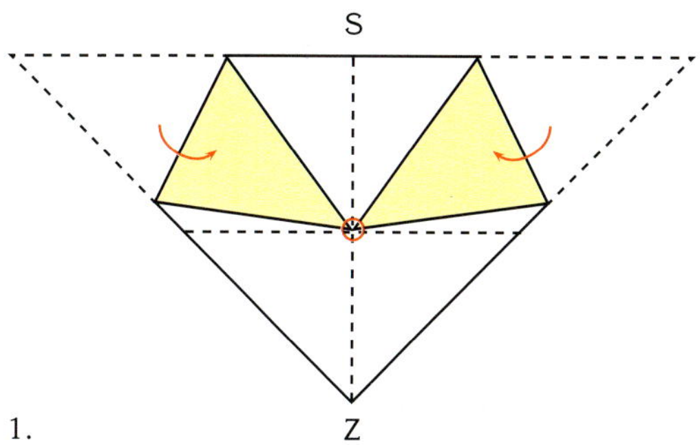


1.

2. – 3. – 4. Nach den Zeichnungen weiterfalten.

5. Jetzt kommt sozusagen eine «gleitende Falte». Lassen Sie also die inneren Kanten jeweils auf die äußeren Schnittkanten gleiten. (Siehe Pfeile). Die vier Klebepunkte anbringen. Die sechs Sockelteile sind somit fertig.

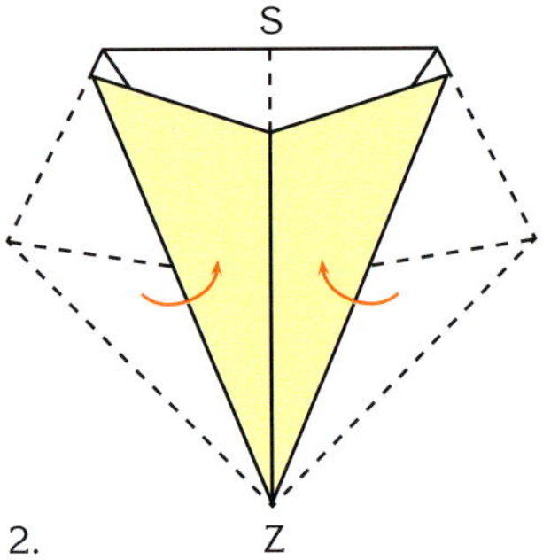


2.

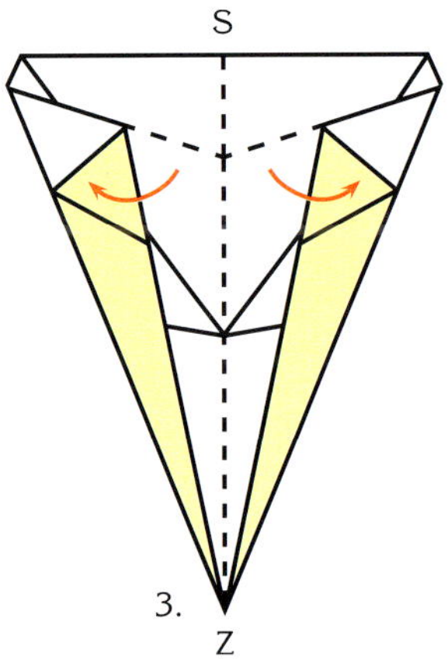


3.

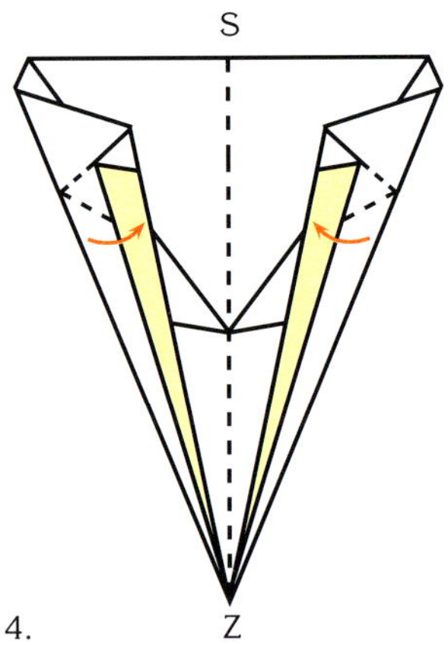


4.

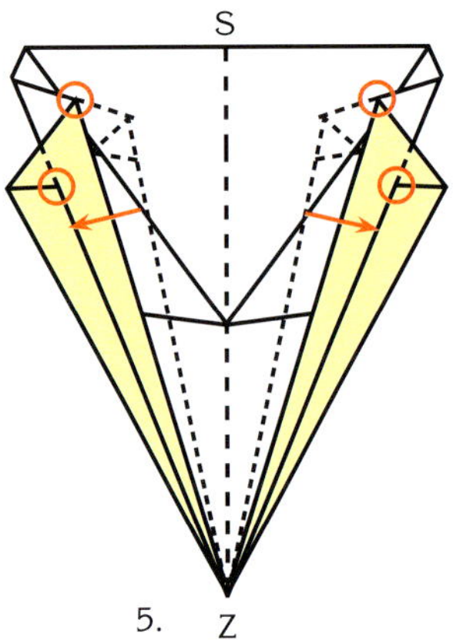


5.

***Falten der Spitzen:***

Fahren Sie dann gleich mit dem Aufbau für die sechs quadratischen Schnitte fort.

6. – 7. Erst bilden Sie nur eine Diagonale und falten Sie nach den Zeichnungen.

8. Wiederum kommt eine «gleitende Falte». Dabei gleiten die inneren Kanten jeweils auf die äußeren Kanten. (Siehe Pfeile). Kleben. Sie können hier mit langen Klebestrichen die inneren Kanten befestigen.

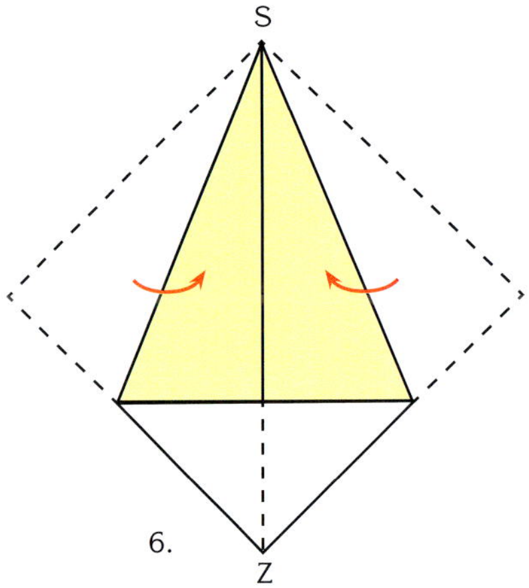


6.

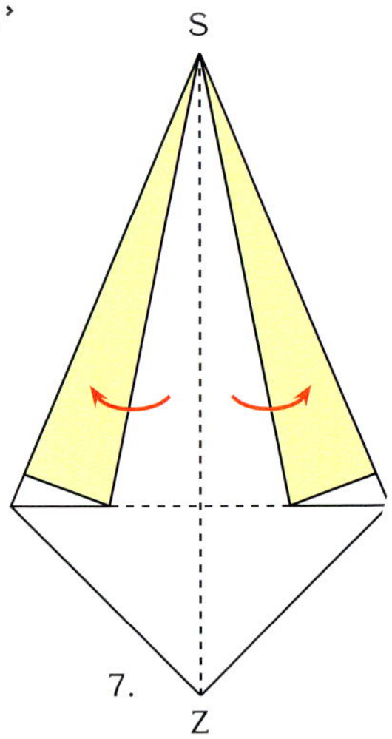


7.

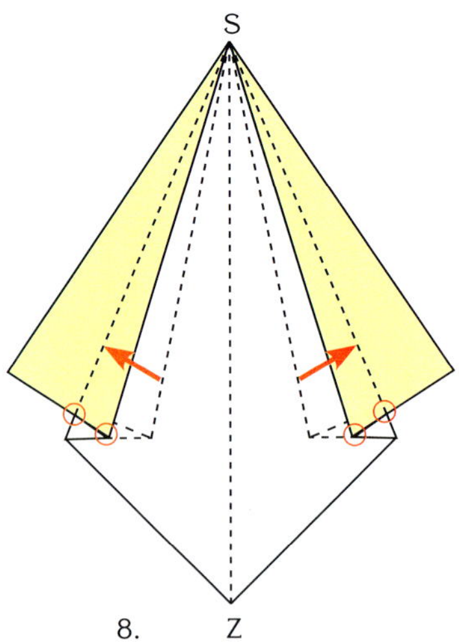


8.

9. Falten Sie der Zeichnung entsprechend.

10. Am Zentrum (Z) bilden Sie eine Vorbereitungsfalte und öffnen Sie wieder.

11. Der Zeichnung nach öffnen Sie die mittleren Flügel und zwar so weit nach außen flach, bis ihre unteren Ecken den Kreuzpunkt zwischen Hilfslinie und Diagonale erreichen. Halten Sie dabei mit dem Zeigefinger die Falten am Zentrum (Z) geschlossen.

12. Hinzu kommen zwei Vorbereitungsfalten für beide Außenseiten. Öffnen Sie dann das Zentrum (Z) und bringen Sie die vier Klebepunkte an.

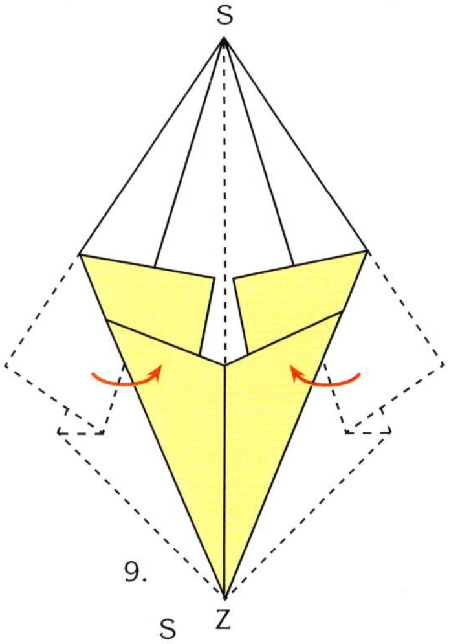

9.

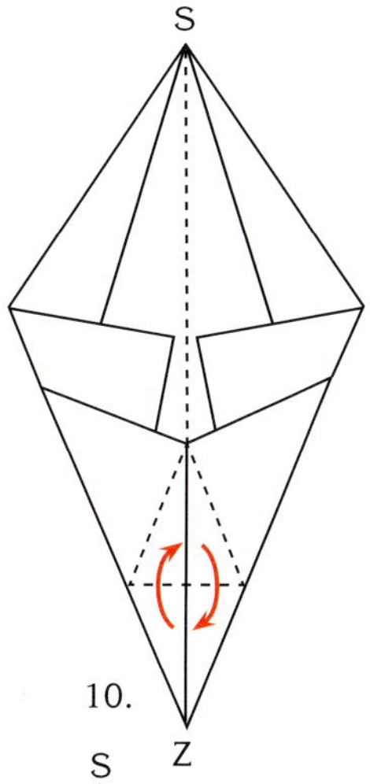

10.

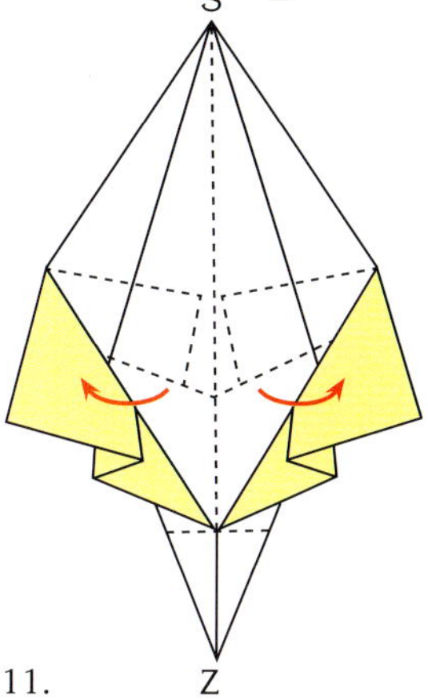

11.

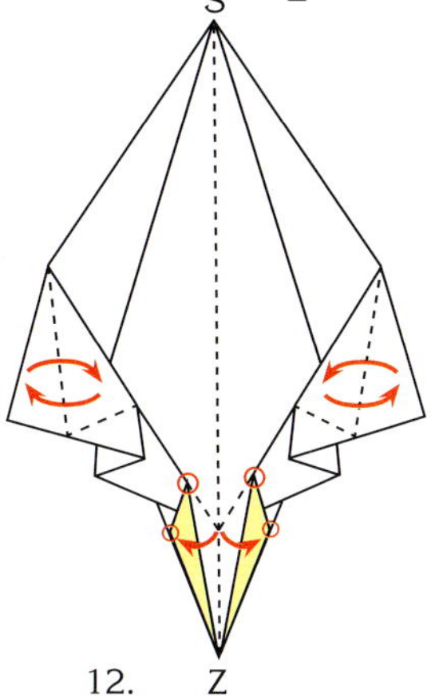

12.

13. Zum Abschluss falten und kleben Sie die Seitenecken.

***Das Zusammensetzen:***

Für das Zusammensetzen haben Sie zwei Möglichkeiten. Entweder Sie fügen erst die sechs Sockelteile mit Hilfe des sechsteiligen Diagramms zusammen (Siehe Grundanleitung, Seite 18), und danach kleben Sie die Spitzen darauf. Oder Sie kleben gleich jede Spitze separat auf einen Sockelteil, bevor Sie die Montage mit dem Diagramm ausführen. Jedenfalls ist wichtig zu berücksichtigen, **dass die untere kleine Hilfslinie jeder Spitze als erste auf die horizontale Oberkante des Sockels geklebt wird.** (Auf der Zeichnung in rot punktiert). Anschließend konsolidieren Sie Ihr Transparent mit dem angegebenen Klebepunkt.

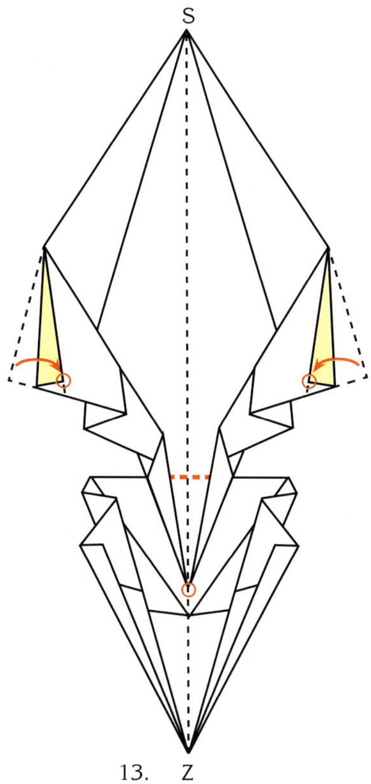

13.

# Kornblume ****

Achtstrahlig
ø 42cm Blumenblätter : Schnitt 9
Blumenherz : Schnitt 12

***Dieses blumenartige Transparent erinnert an die luftigen und hellblauen Sommerblüten, die am Rand der Kornfelder heute nur noch selten zu finden sind. Besonders dekorativ sind die kleinen Ausschnitte, die sich von selbst um das Blumenherz bilden.***

Wiederum haben wir hier ein zweiteiliges Transparent, das sich aus dem vorigen «Sternsiegel» herausentwickeln und weiter ausführen lässt. Der Aufbau ermöglicht nur eine einzige Umfanggröße, wie sie oben angegeben ist.

Wählen Sie für das Blumenherz ein zartes Rosa und für die Blumenblätter ein helles Blau. Falls Sie diese Farben noch luftiger beleben wollen, so können Sie vor dem Zuschnitt ein hellblaues halbes Großblatt auf ein rosa oder auf ein zartes lila Blatt legen und beide Seidenpapierblätter kräftig durchnässen. Die rosa Farbe des Blumenherzen kann einfach mit Wassertropfen besprengt werden. (Siehe Angaben, Seite 11)

*Falten des Sockels:*

Für das Blumenherz brauchen Sie vier Quadrate nach Schnitt 12, die Sie halbieren, um acht Dreiecke zu bekommen. (Siehe Anleitung, Seite 13)
Beginnen Sie mit dem gleichen Anfangsaufbau wie beim Sockel von «Sternsiegel» (Seite 74) bis inklusiv Zeichnung 3.

1. Ziehen Sie die inneren Kanten direkt an die Mittellinie heran.

2. Nun kommt eine «gleitende Falte», indem Sie diese Innenkanten jetzt auswärts auf die Außenkanten gleiten lassen. Nur die zwei angezeigten Klebepunkte anbringen. Die Sockelteile sind fertig.

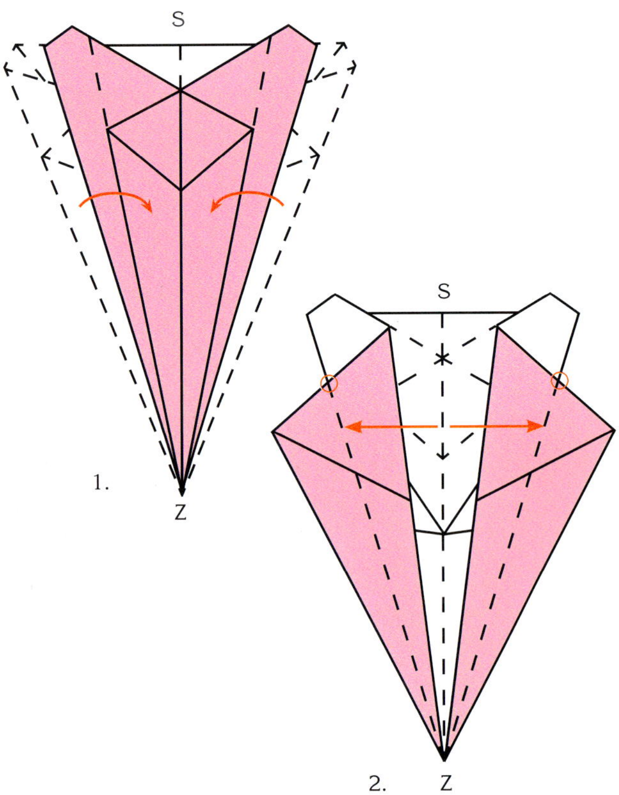


*Falten der Blumenblätter:*

Von nun an schneiden Sie acht Quadrate nach Schnitt 9 und verfolgen den gleichen Faltprozess, wie bei den Spitzen von «Sternsiegel» (Seite 74) und zwar ab Zeichnung 6 bis inklusiv Zeichnung 12. Dabei achten Sie aber darauf, dass bei Zeichnung 8 die zwei inneren Klebepunkte nicht angebracht werden müssen.
**Dann drehen Sie den Schnitt so, dass die Spitze (S) zum Zentrum (Z) wird und umgekehrt.**

3. Falten und kleben Sie die vier Seitenecken.

*Das Zusammensetzen:*

4. Fangen Sie erst mit dem Sockel an. Setzen Sie die Schnitte, wie die Zeichnung es ansatzweise zeigt, so zusammen, dass die linke Schnittkante des zweiten Schnittes ganz knapp an die rechte Hilfslinie des vorigen angeklebt wird. Wenn Sie vor dem Zuschnitt die Papierfarbe nass bearbeitet haben, ist es in der Tat besser, wenn Sie eine winzige Lücke von kaum 1mm dazwischen lassen. Während des Klebens legen Sie Ihre Hand auf die Schnitte, damit diese ganz flach bleiben. Schieben Sie dann das Zentrum der jeweiligen Blumenblätter so weit in die Sockelteile bis zum Anstoß der Aussenkanten hinein. Festkleben. Befestigen Sie auch die Stellen, wo die Seitenflügel sich etwas überlappen.

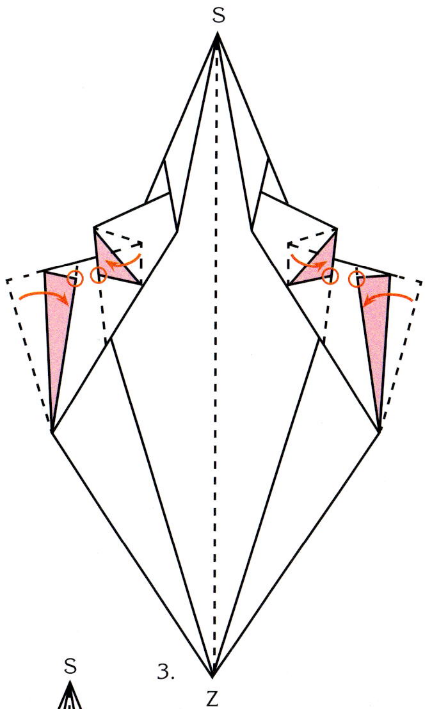

3.

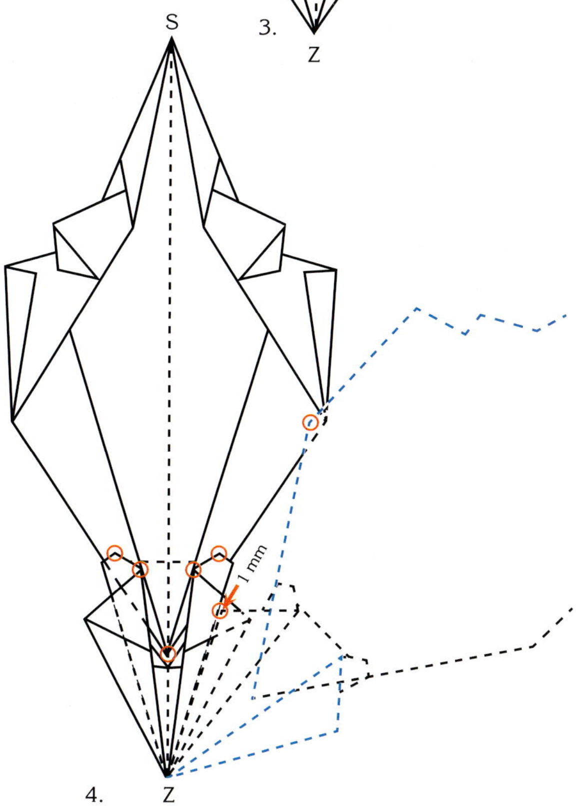

4.

# Aurikelblüten **

Fünf- oder sechsstrahlig
ø 36,6 cm, Schnitt 3
ø 26,2 cm, Schnitt 2
ø 18,2 cm, Schnitt 1

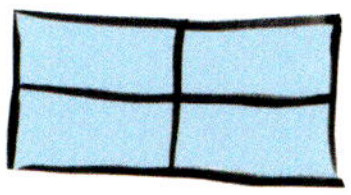

***Die leicht abgerundete Gestalt dieser Blüte lässt die Erinnerung an eine sehr beliebte und alte Gartenprimel spontan aufsteigen. Der besondere Reiz der Aurikelblüte liegt nämlich in ihren stark abgegrenzten Innenkreisen, die sich aus den verschiedensten Farben herausbilden können. Dekorative Frühlingsboten aus Seidenpapier!***

Dieses farbige Naturspiel der Aurikelblüten können Sie etwas nachahmen, wenn Sie vor dem Zuschneiden das Seidenpapierblatt auf zweierlei Weise bearbeiten. (Siehe Zeichnung).

Der mittlere Kreis muss hell bzw. weiß bleiben. Sie können also eine beliebige helle Farbe verwenden und diese mittlere Schnittzone mit dem feuchten Schwämmchen entfärben (für Schnitt 1 etwa mit 1cm, für Schnitt 2 mit 1,5cm und für Schnitt 3 mit 2cm breiter Aufhellung). Um den farbigen Kontrast zu verstärken können Sie auch mit Aquarell oder mit Ecoline die Grundfarbe der restlichen Papierfläche zusätzlich erhöhen.
Oder Sie nehmen ein weißes Blatt und Sie färben seine äußeren Kanten mit einem kräftigeren Farbton (z.B. mit indischem Gelb) und seine Mitte stets mit einer helleren Farbe (z.B. Zitronengelb).

Nehmen Sie fünf oder sechs rechteckige Schnitte wie oben angegeben  und bilden Sie die zwei Mittellinien.

1. Legen und kleben Sie  die entgegengesetzten Winkel an den Mittelpunkt.

2. Desgleichen tun Sie dann für die anderen Winkel.

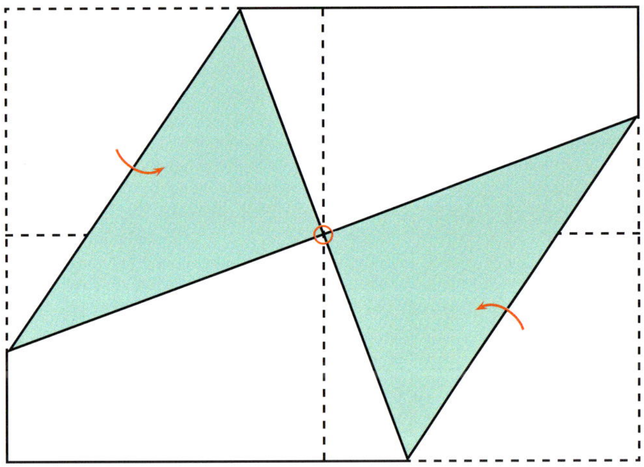

1.

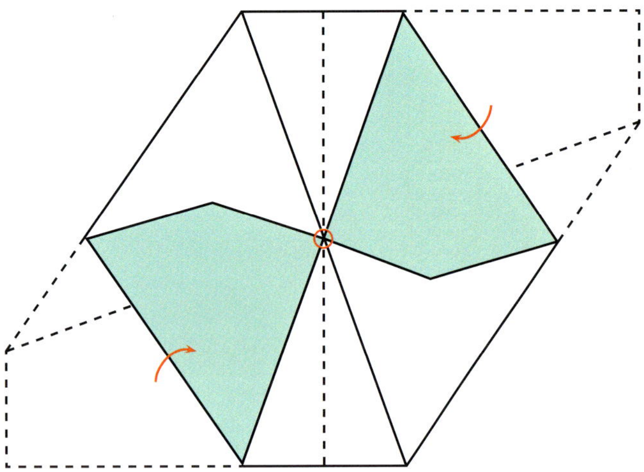

2.

3. Vorbereitungsfalten: Legen Sie die zwei angezeigten Kanten auf den Mittelpunkt und öffnen Sie wieder.

4. Es folgt eine sogenannte «Trichterfalte». Heben Sie also die rechte untere Falte senkrecht hoch und drücken Sie mit dem Zeigefinger die rechte Kante ganz flach herunter so, dass diese Kante auf die horizontale Hilfslinie exakt darauf gesetzt wird (in blau punktiert). Achten Sie darauf, dass die untere Schicht nicht wegrutscht. Gleicher Faltprozess für die obere rechte Kante.

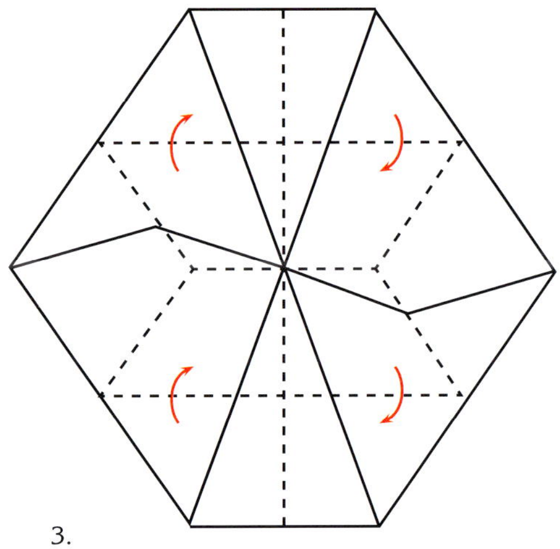

3.

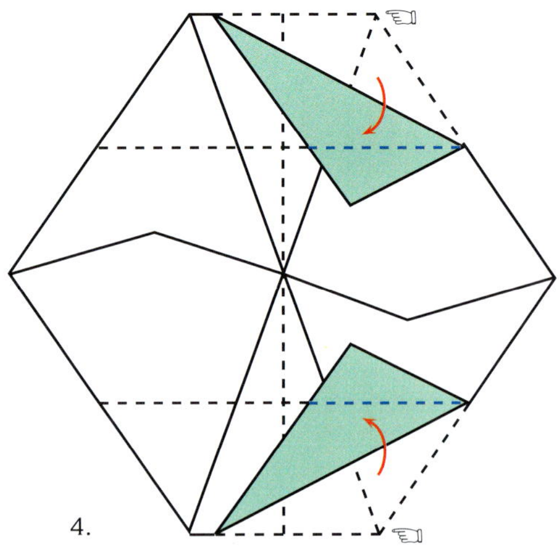

4.

5. Wiederholen Sie die «Trichterfalte» für die zwei linken Kanten. Die vier Klebepunkte anbringen. Die linke Schnittecke wird zum Zentrum (Z).

Für das Zusammensetzen benutzen Sie je nach Anzahl Ihrer Schnitte das fünf- oder das sechsstrahlige Diagramm. (Siehe Anleitung, Seite 18). Achten Sie vor allem darauf, dass Sie Zentrum (Z) und Spitze (S) beim Montieren nicht verwechseln, denn sonst würde eine Disharmonie entstehen!

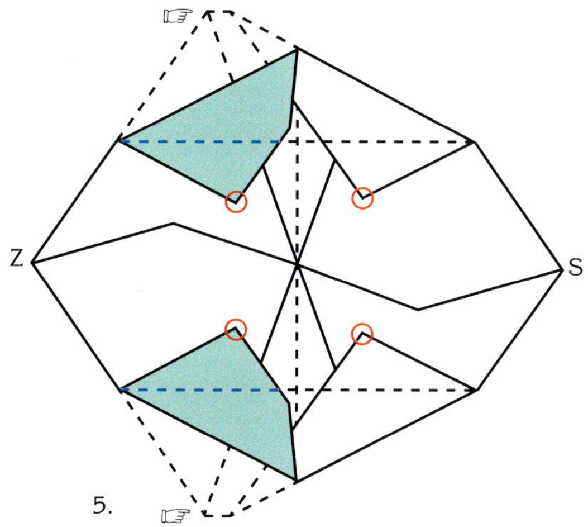


5.

# Blühender Stern **

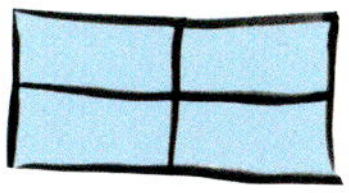

Fünfstrahlig
ø 36,6 cm, Schnitt 3
ø 26,2 cm, Schnitt 2
ø 18,2 cm, Schnitt 1

***Wie ewig blühend offenbart sich hier eine erstarrte Blüte in ihrer Kristallfassung.***

Ein eisblaues, ein strohgelbes oder ein helles rosa Seidenpapier lassen am besten die kleine innere Blüte im Zentrum hervortreten. Besonders wirkungsvoll zeichnet sich dann auch der feine Innenkreis aus.
Sie können das Seidenpapier mit dem Schwämmchen leicht entfärben, um eine feine Marmorierung zu erzielen. Bei naturbelassener Farbe bleiben die Kontraste auch intensiv.

Nehmen Sie fünf Rechtecke nach dem Schnitt 1, 2 oder 3.

1. Bilden Sie die zwei Mittellinien. Legen und kleben Sie die oberen Winkel an den Mittelpunkt.

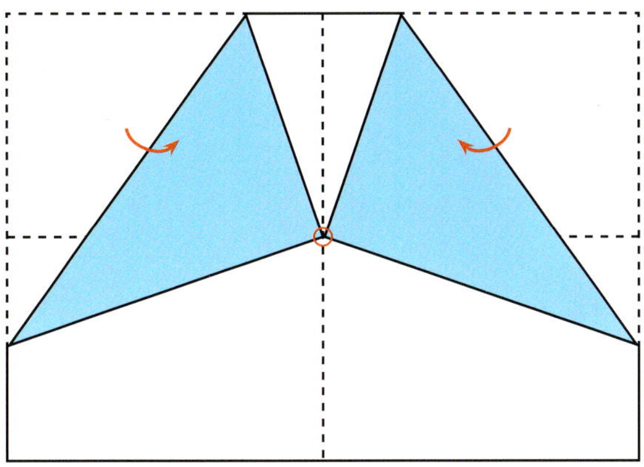

1.

2. Desgleichen tun Sie dann für die unteren Winkel. Verwenden Sie aber hier äußerst wenig Klebestoff.

3. Zwei Vorbereitungsfalten: legen Sie untere und obere Kanten auf den Mittelpunkt und öffnen Sie wieder.

4. – 5. Dann setzen Sie den selben Faltprozess wie für «Aurikelblüte» mit den «Trichterfalten» fort, jedoch nicht in der gleichen Reihenfolge, so wie die Zeichnungen es veranschaulichen. Hier liegt das Zentrum (Z) unten.

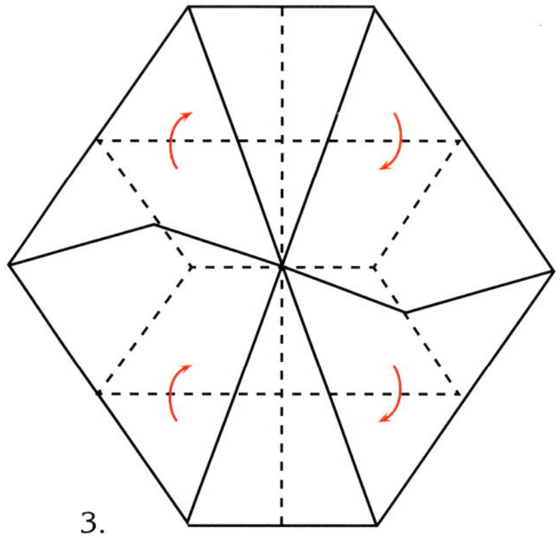
3.

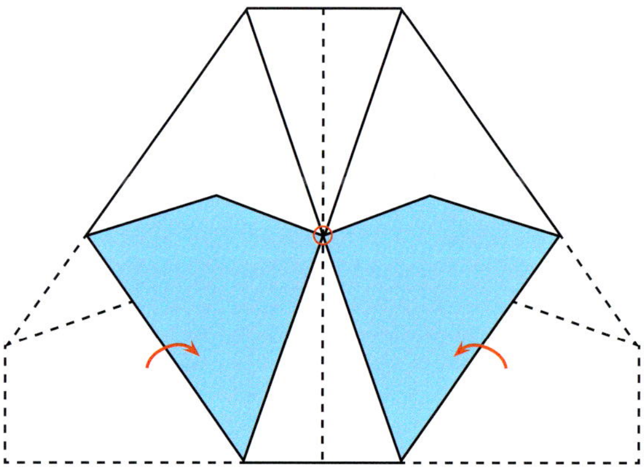
2.

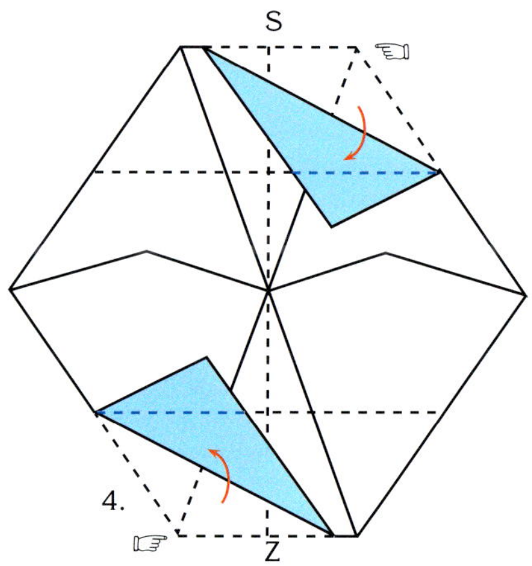

4.

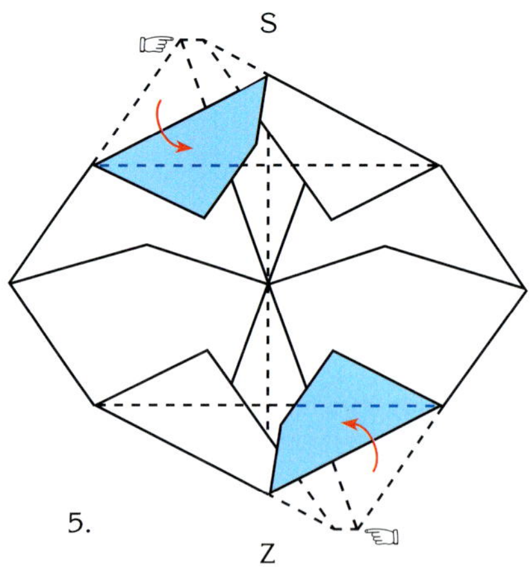

5.

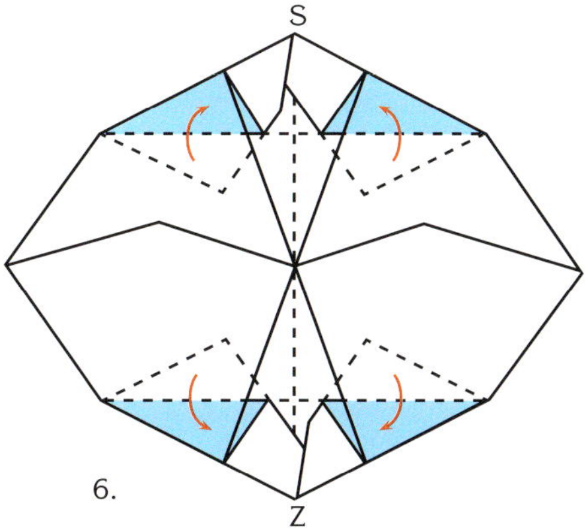


6. Knicken Sie die vier Ecken auf ihre Außenkanten zurück.

7. Diese Ecken weiter zurückknicken. Die zwei mittleren Winkel nach unten so legen, dass ihre Basiskanten eine Horizontallinie bilden. Die zehn Klebepunkte anbringen.

Nehmen Sie für das Zusammensetzen das fünfstrahlige Diagramm. (Siehe Grundanleitung, Seite 18) Achten Sie beim Montieren darauf, dass die mittleren Innenwinkel nach unten orientiert sein müssen.

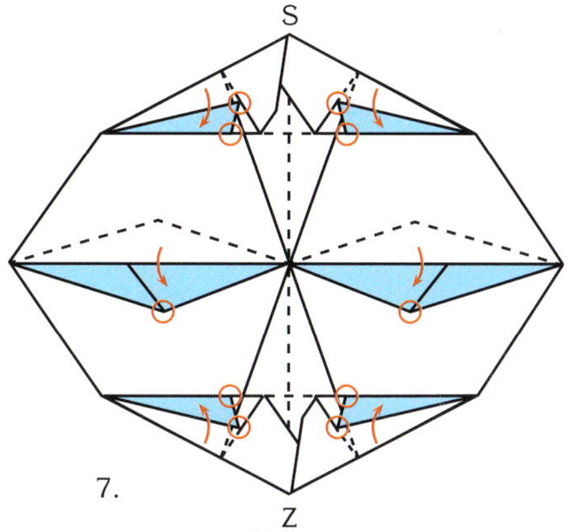

# Dornenblume ***

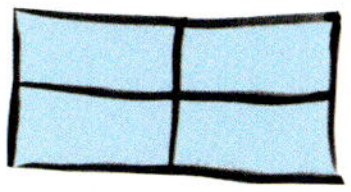

Sechsstrahlig
ø 40 cm, Schnitt 3
ø 29 cm, Schnitt 2
ø 20 cm, Schnitt 1

***Hier und da verstreut lauter hervorstechende Pfeilchen begleiten und beleben die leicht kreiselnde Bewegung dieses Transparentes. Diese Dornenmotive vermitteln damit auch den Eindruck von einer gerade sich öffnenden Blüte.***

Für die aparte Struktur dieses Transparentes passt jede helle Farbe hervorragend. Sie können sogar mit einem hellbraunen Seidenpapier experimentieren, indem Sie vor dem Zuschnitt dieses Blatt auf eine gelbe Papierschicht legen und es unter leichtem Druck mit dem nassen Schwämmchen beliebig marmorieren.

Die Falttechnik wird aus dem vorigen Transparent «Blühender Stern» entwickelt und weitergeführt.

Nehmen Sie sechs rechteckige Schnitte, wie oben angegeben und bilden Sie die zwei Mittellinien. Dann fahren Sie mit dem gleichen Faltprozess von »Blühender Stern» (Seite 85) bis inklusiv Zeichnung 2 fort, **jedoch ohne diese letzte Falte festzukleben!**

1. Orientieren Sie jetzt Ihren Schnitt, wie diese Zeichnung es zeigt. Bilden Sie dann die untere Vorbereitungsfalte und öffnen Sie wieder. Legen Sie die ungeklebten oberen Flügel wieder frei.

2. Es folgen nun drei «Trichterfalten». Drücken Sie also leicht mit dem Zeigefinger auf die angezeigten Aussenkanten, um sie exakt auf die darunter gelegene Hilfslinie flach zu legen. Im Übergang entsteht eine Art Trichterform. Achten Sie darauf, dass die untere Papierschicht nicht wegrutscht. Die so versetzten alten Kanten bilden dann jeweils eine fortlaufende Linie mit der entsprechenden Hilfslinie (in blau punktiert).

3. Bilden Sie unten rechts mit dem gleichen Faltprozess die letzte «Trichterfalte». Knicken Sie die zwei oberen Winkel der Zeichnung entsprechend zurück.

4. Die vier Pfeilchen gestalten Sie jetzt, indem Sie die kleinen Innenkanten auf die Hilfslinien zurückknicken. Nicht zu vergessen: die zwei Vorbereitungsfalten an den oberen Ecken!

5. Bilden Sie die zwei letzten Pfeilchen und bringen Sie alle Klebepunkte an.

Das Zusammensetzen erfolgt mit dem sechsstrahligen Diagramm. (Siehe Grundanleitung, Seite 18). Achten Sie dabei darauf, dass in diesem Fall das Zentrum (Z) und die Spitze (S) eine ungewöhnliche Orientierungsachse haben, wie Sie es aus der Zeichnung entnehmen können.

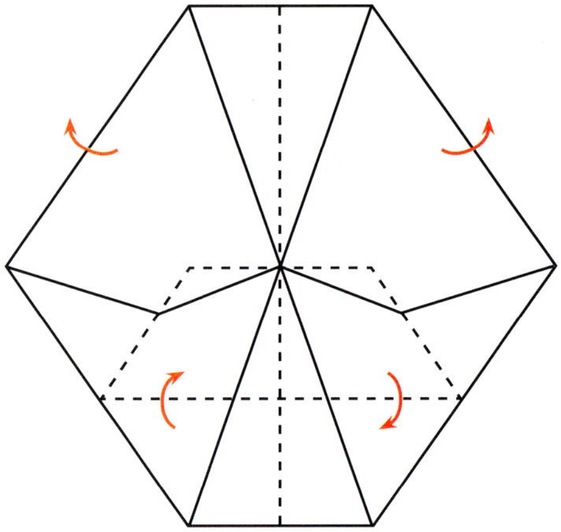

1.

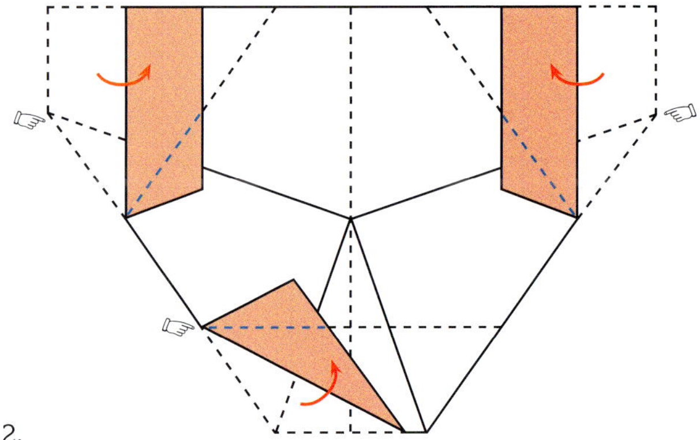

2.

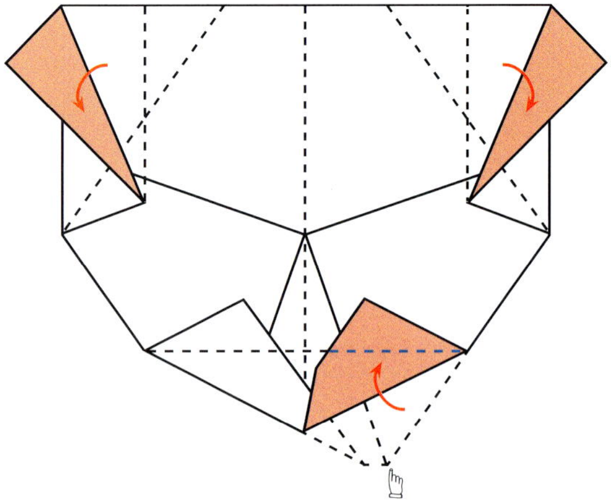

3.

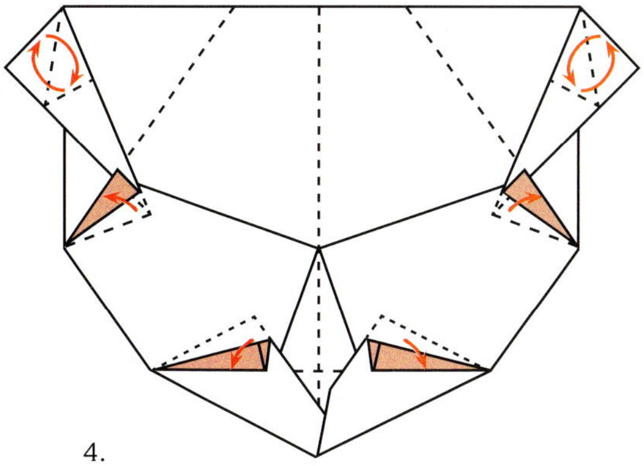

4.

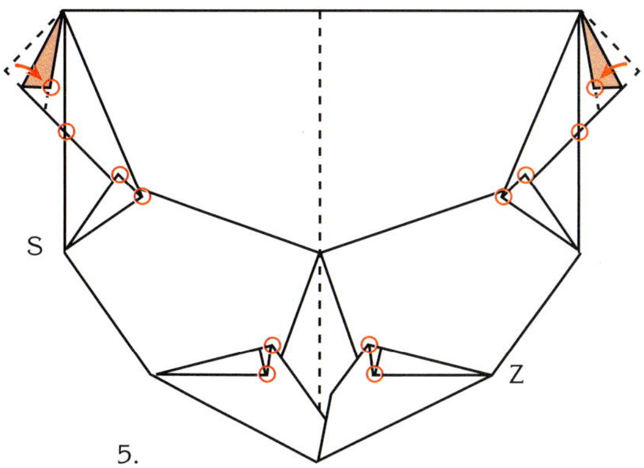


5.

# Strahlengeflecht ****

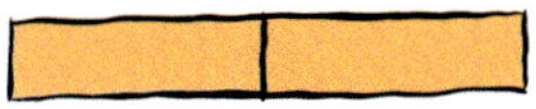

Achtstrahlig
ø 40 cm, Schnitt 16
ø 27,5cm, Schnitt 15

***Wie acht miteinander verwobene Strahlenbänder aus Seidenpapier sich zu einer saugenden Strudelbewegung entwickeln können ...***

Um dieses luftige Sonnenrad zu verwirklichen, brauchen Sie acht lange Rechtecke nach Schnitt 15 oder 16.

Bilden Sie erst die senkrechte Mittellinie, indem Sie die Schnitte in zwei falten und wiederöffnen.

1. Richten Sie die rechte Seite gegen die Mittellinie auf. **Kehren Sie dann den Schnitt um.**

2. Wiederholen Sie die selbe Falte auf der Kehrseite. Mit einem Klebepunkt haften Sie die zwei Papierschichten des linken Teils an wie angezeigt.

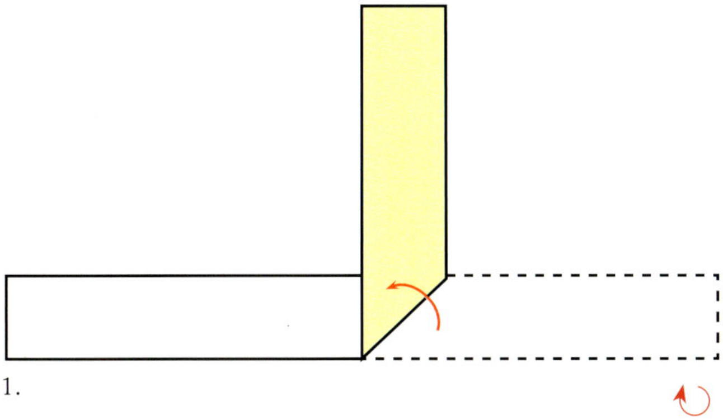

1.

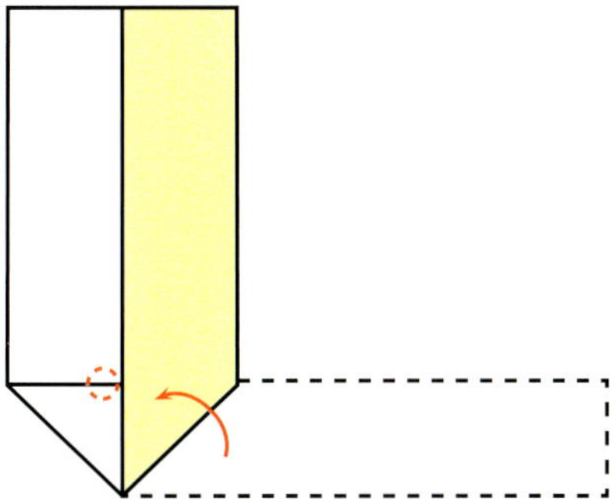

2.

3. Mit einer Rasierklinge schlitzen Sie die linke schräge Kante bis zum Zentrum (Z) vorsichtig auf. Falten Sie anschließend die freigewordene oberste Ecke nach der Zeichnung und befestigen Sie gleich mit den drei Klebepunkten.

Sie können ab jetzt schon das Zusammensetzen der acht gefalteten Schnitte ausführen. **Zuvor kehren Sie aber alle Ihre Schnitte auf die Vorderseite wieder um, weil die eben gerade gefaltete Seite bei der Zusammensetzung hinten sein muss.** (Siehe Grundanleitung, Seite 16)

4. Die Zeichnung zeigt hier nur drei zusammengesetzte Schnitte. Sichern Sie dem Transparent mehr Halt durch einen leichten Klebepunkt zwischen die jeweiligen Doppelspitzen (S) wie angedeutet. Dann falten Sie jede rechte Ecke bis zur entgegengesetzten Schnittseite so, dass ihr Spitzwinkel die eben geklebte Kreuzung auch antrifft. Noch ein praktischer Tipp: um diesen Vorgang zu erleichtern, statt das noch wackelige Gebilde zu drehen, drehen Sie lieber die Plastikfolie, die Sie als Unterlage für das Zusammensetzen verwenden.

5. Knicken Sie die Eckchen zurück. Kleben.

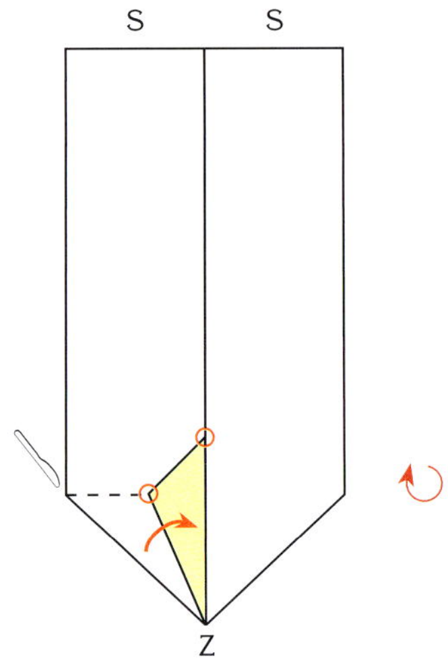


3.

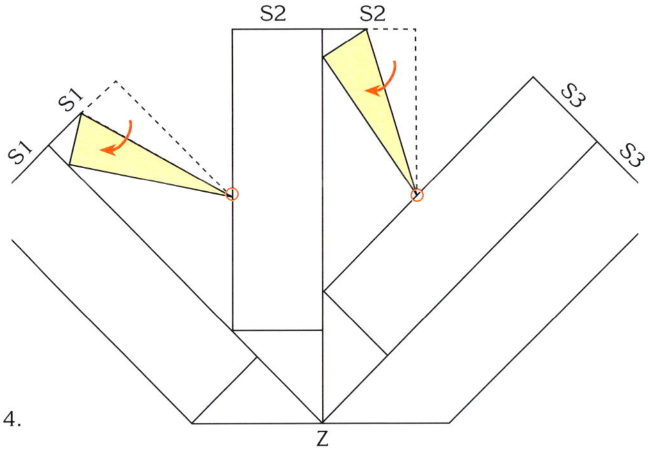


4.

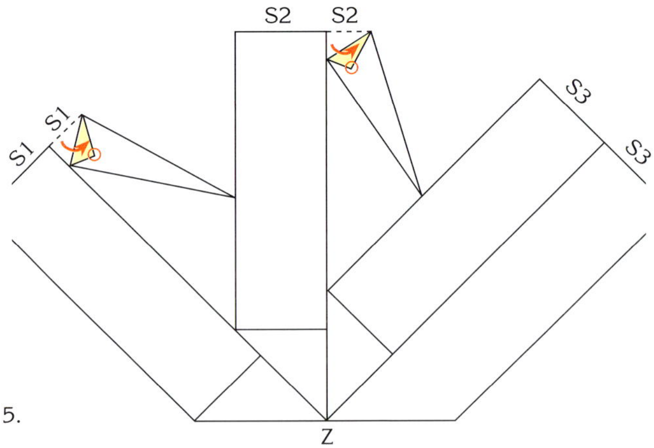


5.

6. Falten Sie dem Zentrum (Z) zu die Schrägkante der jeweiligen gefalteten Teile der Spitzen (S) so, dass sie entlang des benachbarten noch ungefalteten Teils ankommt. (Siehe blauer Strich). Festkleben. **Kehren Sie jetzt das ganze Gebilde vorsichtig um!**

7. Versetzen Sie nun die ungefalteten (S)-Spitzenteile nach rechts so, dass sie sich jeweils auf die linke Kante des fertig gefalteten Teils stützen. (Siehe blauer Strich).

8. Zuletzt führen Sie die gleichen Endfalten an den Spitzen (S) wie bei Schritt 4 und 5 aus, indem Sie sich aber dabei auf die jeweiligen darunter liegenden Kanten stützen (Strich in blau), damit keine Überlappungen der Falten entstehen. Die angezeigten Klebepunkte anbringen.

Ganz zum Schluss befestigen Sie das gesamte Sonnenrad mit langen Klebestrichen.

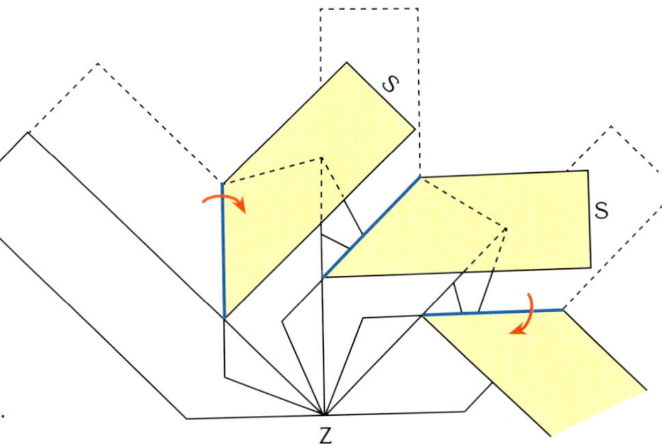


7.

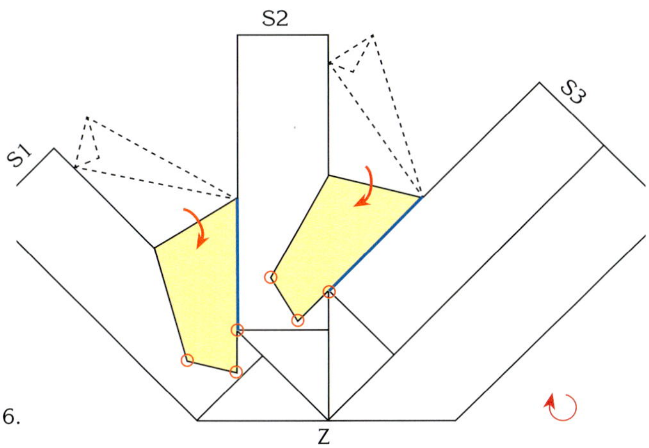


6.

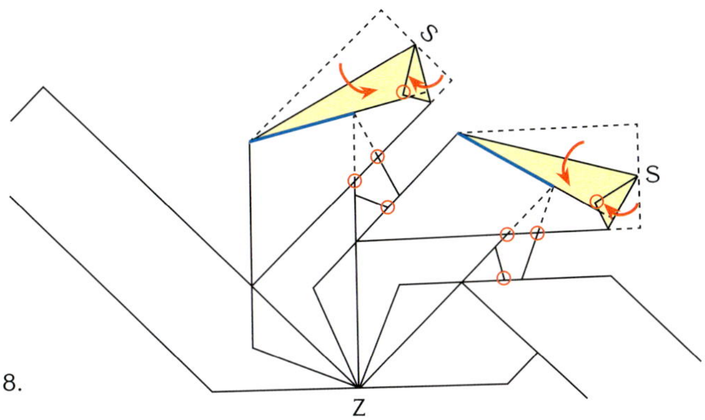


8.

# Ziselierter Kristall ***

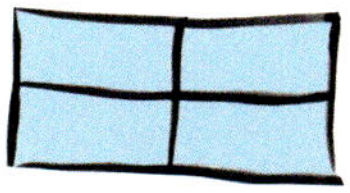

Sechsstrahlig
ø 36cm, Schnitt 2
ø 26cm, Schnitt 1

***Flugs und frisch vom Winterwind ans Fenster herangeweht, ein schön ziselierter Schneekristall zeigt seinen funkelnden Sternenschmuck. Zusätzlich zu den präzisen Konturen und den Filigran-Splittereffekten zeichnet sich im Mittelteil ein ruhiger, verschwimmender Kreis aus. Juwelierkunst aus Seidenpapier!***

Damit das facettenreiche Ornament dieses Transparentes richtig zur Geltung kommt, sollten Sie eine helle, kalte Farbe nehmen. Vor dem Zuschnitt können Sie das Seidenpapier mit dem nassen Pinsel tropfenartig behandeln. Oder Sie erzielen eine Art zweifarbige Wirkung, indem Sie beispielsweise ein rosa Blatt, das Sie für den Aufbau benutzen wollen, auf ein blaues Blatt legen und es mit dem feuchten Schwamm ganz unregelmäßig durchtränken. Verwenden Sie dann die stark bläulich gefärbten Schnitte für die sechs äußeren Spitzen und die mehr naturbelassenen Schnitte für den sechsteiligen Innensockel. (Siehe Angaben Seite 11)

Nehmen Sie 12 Rechtecke nach Schnitt 1 oder 2 und bilden Sie erst die vertikale Mittellinie. Öffnen Sie den Schnitt und falten Sie in die Länge für die horizontale Mittellinie. **Aber nicht wieder öffnen! Denn hier bleibt der Schnitt vorerst bis zum Schritt 7 doppelt gefaltet.**

1. Senken Sie von der oberen Schicht die zwei Flügel herab. Die inneren Schrägkanten müssen dabei ganz exakt oben auf der Mittellinie enden.

2. – 3. Nach den Zeichnungen weiter falten.

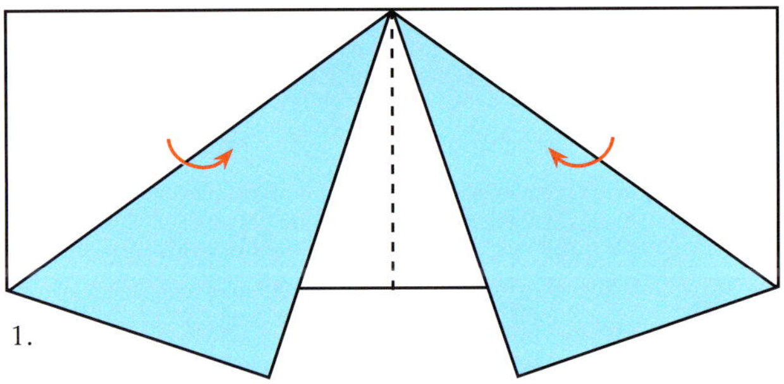

1.

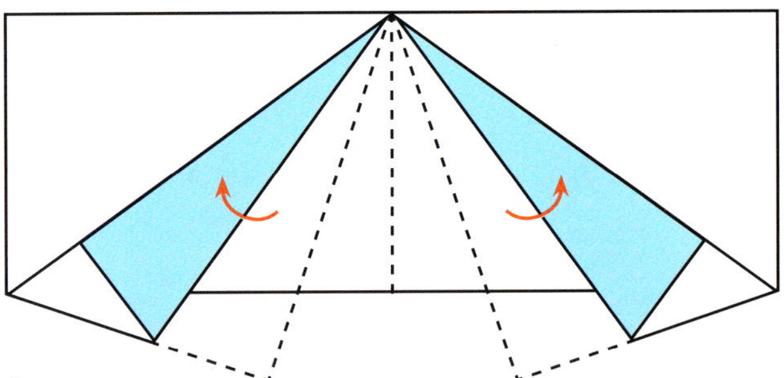

2.

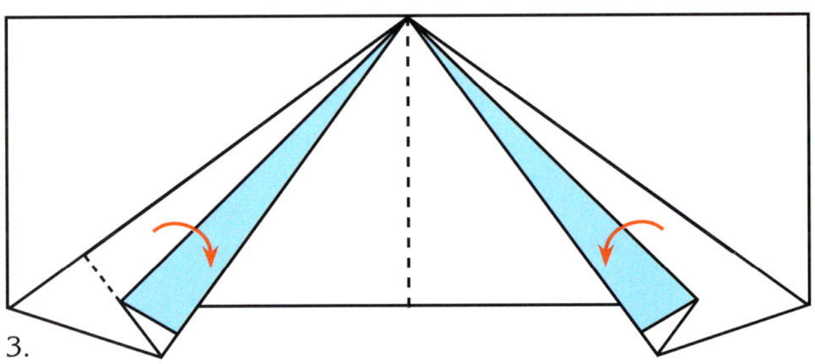

3.

4. Falten und kleben Sie die zwei unteren Eckchen, **ohne die hintere Schicht mitzukleben**.

5. – 6. Fahren Sie anhand der Zeichnungen fort. Kleben.

**Kehren Sie dann den Schnitt um und wiederholen Sie genauso die Schritte 1 bis 6 für die andere Schicht.**

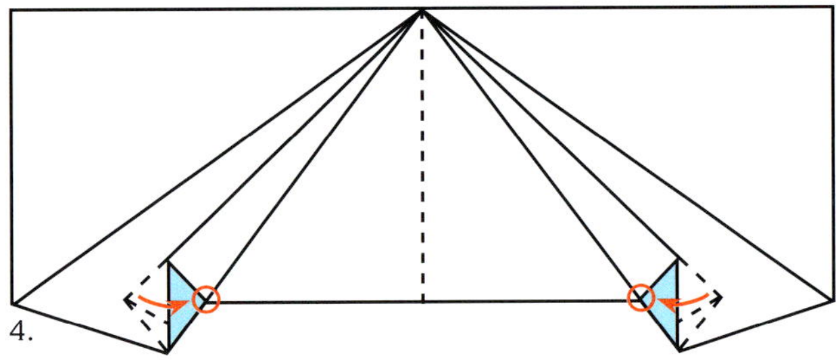

4.

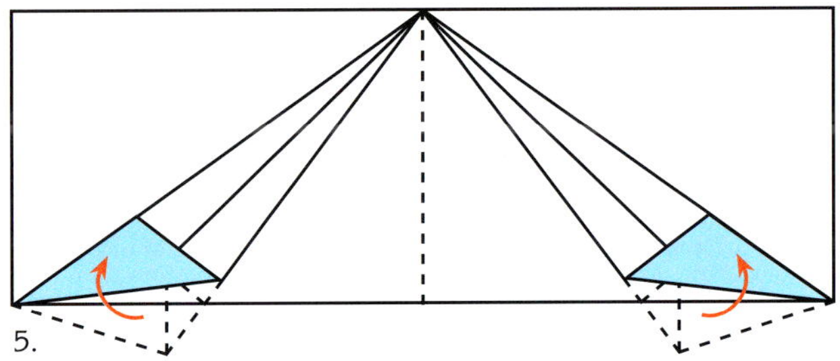

5.

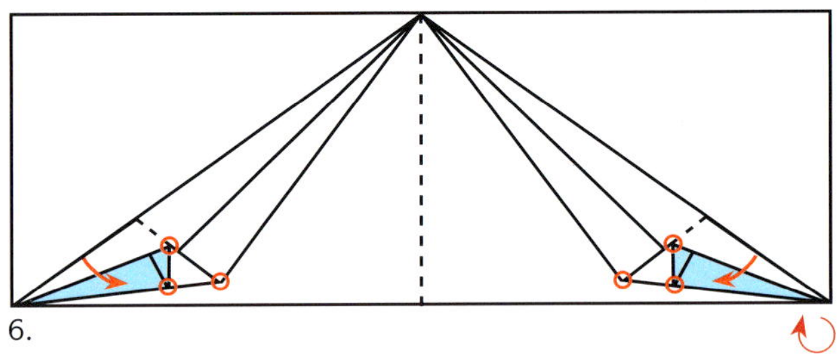

6.

7. Öffnen Sie jetzt den Schnitt. Bilden Sie anschließend die Vorbereitungsfalte am Zentrum (Z), indem Sie seinen Winkel auf den Mittelpunkt legen. Wieder öffnen.

8. Nehmen Sie nun sechs der bisher identisch gefalteten Schnitte, die Sie für den inneren Sockel bestimmen und kleben Sie ihre Seitenflügel an den neuen Kreuzungspunkt fest.

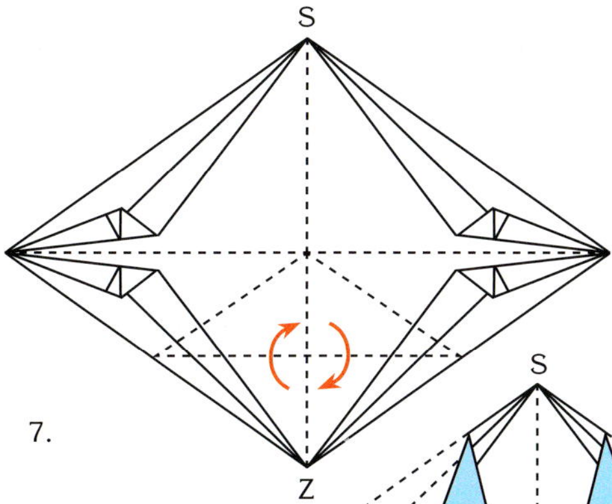


7.

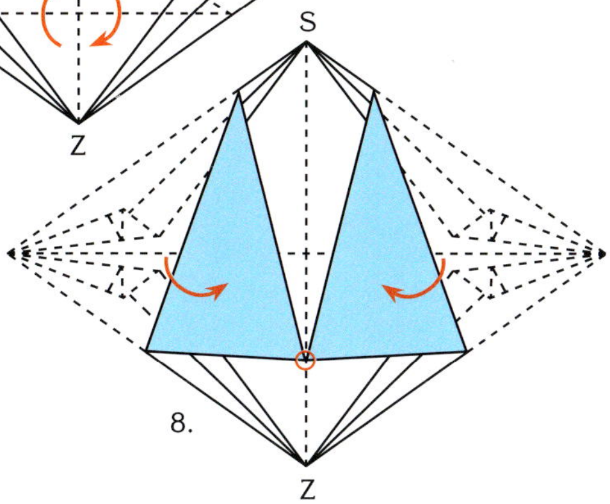


8.

***Das Zusammensetzen der sechs Sockelteile:***

Sie können mit dem sechsstrahligen Diagramm das Innere des Kristalls gleich anfertigen. (Siehe Grundanleitung, Seite 18)

***Falten des sechs Spitzen:***

9. Bilden Sie für die übrigen Schnitte eine neue Vorbereitungsfalte. Dabei legen Sie diesmal die Spitze (S) auf den unteren Kreuzungspunkt der Hilfslinien und öffnen Sie wieder. **Stellen Sie jetzt den Schnitt so um, dass die Spitze (S) zum Zentrum (Z) wird und umgekehrt.**

10. Kleben Sie die Seitenflügel an den neu entstandenen Kreuzungspunkt fest.

11. Montieren Sie die sechs Spitzen auf den Kristallsockel. **Achten Sie bei dieser Zusammenfügung darauf, dass keine Verwechslung zwischen (Z) und (S) vorkommt!** Das (Z) zeigt immer den breiteren Basiswinkel. Als Stützpunkte dienen hier beide Kreuzungspunkte der Mittellinien. Abschließend das Gebilde etwas befestigen.

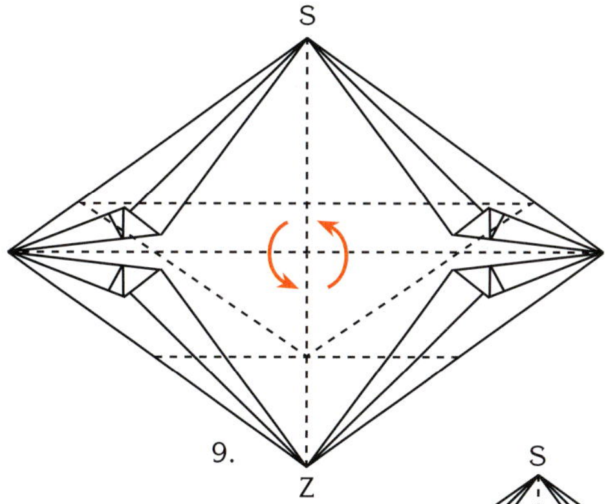


9.

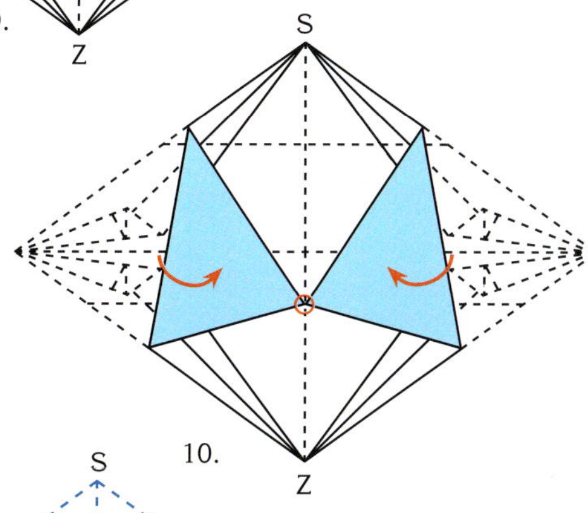


10.

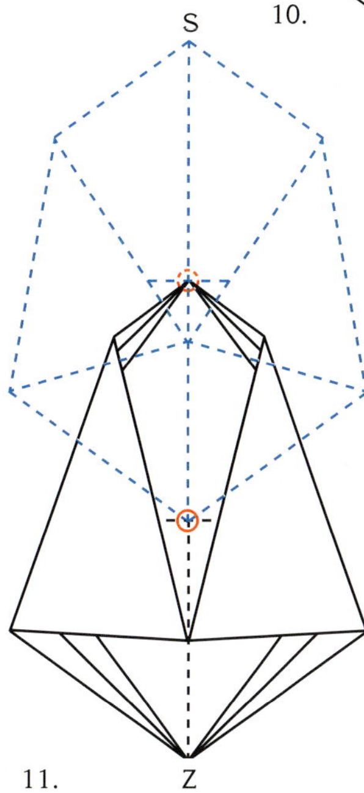


11.

# Chrysantheme ***

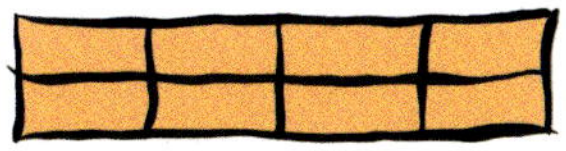

Sechzehnstrahlig
ø 50 cm, Schnitt 16
ø 34 cm, Schnitt 15

***Diese luftige Blüte mit mühlenflügelförmigen Blumenblättern mag uns an eine große japanische Chrysantheme erinnern. Bevor der Herbstwind die fein gegliederten Blätter wirbeln lässt, offenbart sie noch in der Gartenstille ihre lichte Eleganz.***

Schneiden Sie sechzehn lange Rechtecke nach Schnitt 15 oder 16. Bilden Sie zuerst die horizontale Mittellinie und falten Sie dann zweimal in die Länge, um die drei kleinen Vertikallinien zu bekommen. Vor dem Öffnen, fest kniffen, damit diese Linien deutlich bleiben. (Siehe kleine obige Zeichnung ).

1. – 4. Führen Sie den gleichen Faltvorgang **für die beiden Schnittenden durch.** Helfen Sie sich dabei mit der Messerklinge, um die noch undifferenzierten (Z)/(S) Spitzen perfekt zu gestalten.
Schließlich kleben Sie die zurückgeknickten Kanten fest.

5. Knicken Sie jetzt die (Z) oder (S) Spitze nach rechts entlang der kleinen inneren Kante (Strich in rot). Kleben. Für die Gegenspitze drehen Sie den Schnitt zu sich, um die gleiche Falte nach rechts zu bilden. Die Spitzen sind also spiegelbildlich gefaltet.

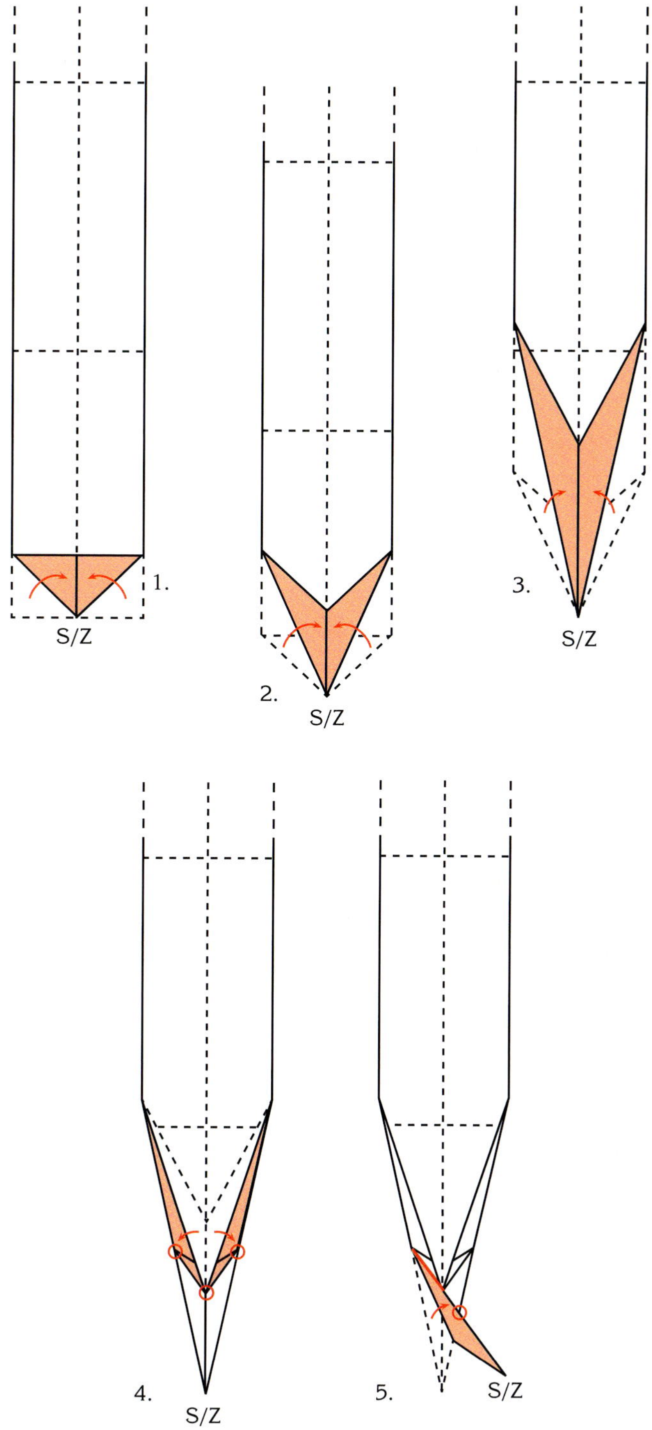

6. Schließen Sie nun durch die mittlere Hilfslinie Ihre Schnitte in zwei aufeinander liegenden Hälften zusammen. Dann falten Sie das neu entstandene untere Schnittende, das zum Zentrum (Z) wird, genauso wie bei Schritt 1 und 2. Es entsteht eine vorläufige Fischform. Ab dem Schritt 3 bis inklusiv 5 falten Sie **nur die linke (Z) Seite weiter.**
Anschließend kippen Sie die oberste Spitze S1 nach rechts herunter so, dass ihre linke Kante auf die erste Horizontallinie gesetzt wird. Die drei angegebenen Klebepunkte anbringen. Die Zeichnung 6 zeigt nur das Endergebnis dieses ganzen Faltvorgangs.

7. Die sechzehn fertig gefalteten Schnitte werden zunächst paarweise zusammengesetzt. Sie bilden acht Schnittpaare so, dass die linke (Z)-Kante des zweiten Schnitts an die Innenkante des ersten angeklebt wird (mit rotem Strich auf der Zeichnung angedeutet).
Verlegen Sie dann die verdeckte Spitze (S1) nach vorne über die andere. Bringen Sie die restlichen angezeigten Klebepunkte an.
Bilden Sie zuletzt eine Vorbereitungsfalte am Zentrum (Z), indem Sie seine Spitze geradlinig mit der rechten Kante zurückknicken. Wieder loslassen.

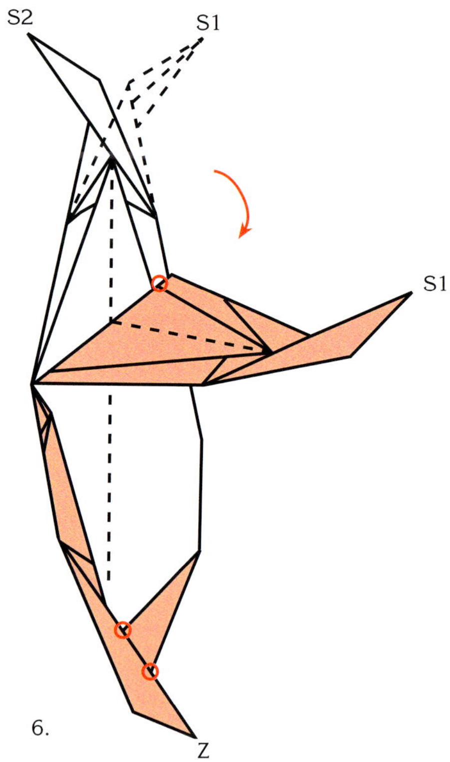

6.

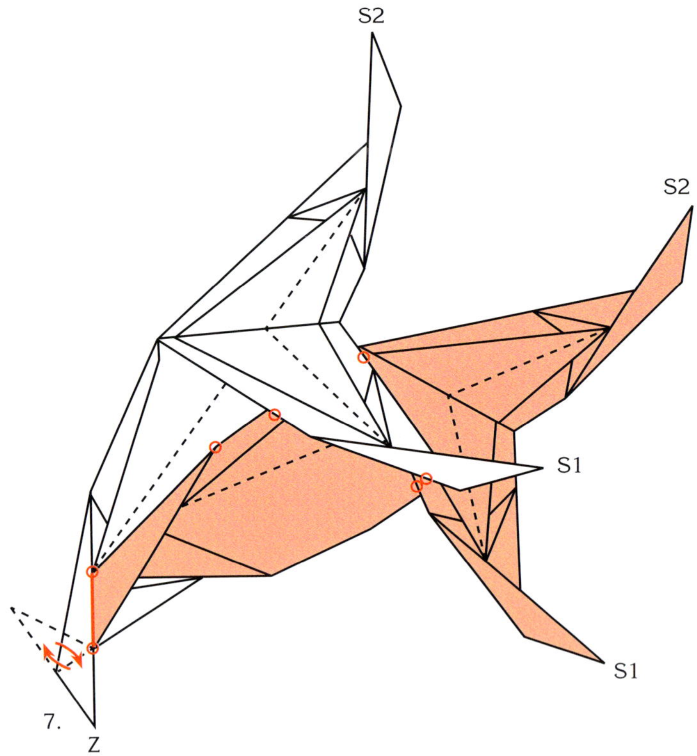

7.

8. Das Prinzip des Zusammensetzens Ihrer acht Schnittpaare ist dem der achtstrahligen Sterne ähnlich. (Siehe Grundanleitung, Seite 16)
Die Zeichnung zeigt hier die Konturen zweier montierten Schnittpaare.
Der linke breite Winkel am Ansatz der eben gebildeten Hilfslinie wird ab jetzt **das neue Zentrum (Z)** werden. Die in grau schattierte Stelle deutet auf die Überlappung im mittleren Bereich, welche in diesem Fall minimal ist.

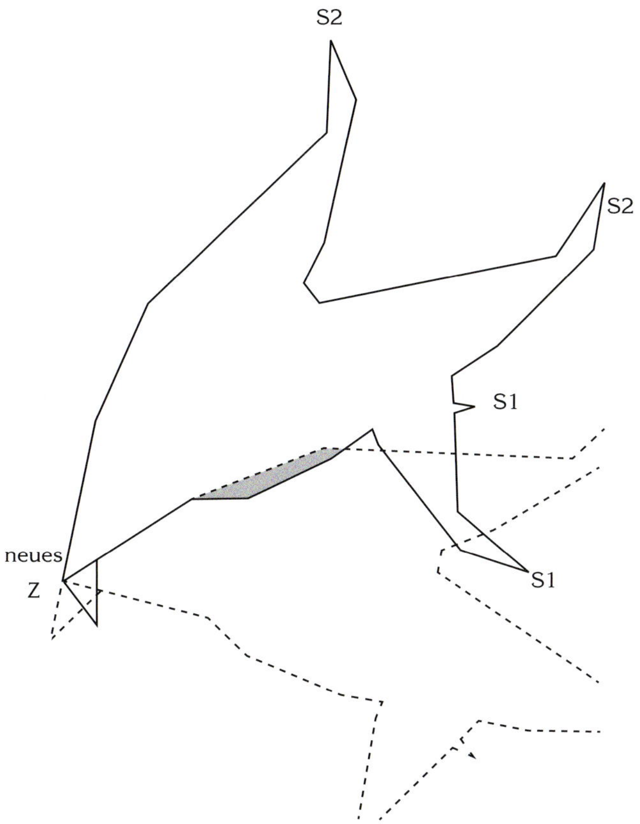


8.

# Sonnenherz ****

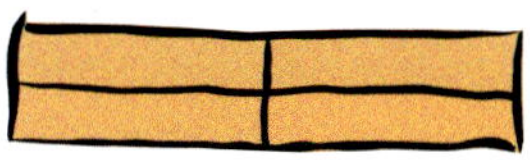

Achtstrahlig
ø 50 cm, Schnitt 16
ø 35 cm, Schnitt 15

***Bei diesem Transparent erscheint eine leicht rotierende Hell-Dunkel Dynamik, die durch ein besonderes Zusammenspiel von Ballen und Strecken zwischen den geraden Außenstrahlen und den nach innen zu gewendeten Strahlen verstärkt wird. Eine pulsierende Sonnenkraft am Himmel!***

Nehmen Sie acht lange Rechtecke nach Schnitt 15 oder 16. Bilden Sie beide Mittellinien. Festkniffen, damit diese Hilfslinien deutlich bleiben.

1. – 2. Diese ersten Faltschritte sind denen von «Strahlengeflecht» gleich (Seite 93). **Nach Schritt 1 vergessen Sie nicht den Schnitt umzukehren!** Der Klebepunkt links ist wichtig.

3. Die Innenkante der Spitze (S2) wird rechts herum auf die kleine untere Außenkante geknickt.

4. Mit einer Rasierklinge schlitzen Sie die linke Schrägkante bis zum Zentrum (Z) vorsichtig auf. Befestigen Sie dann gleich das frei gewordene Zentrum (Z) mit einem Klebepunkt und falten Sie anschließend nach der Zeichnung. Bringen Sie dann den zweiten Klebepunkt an.

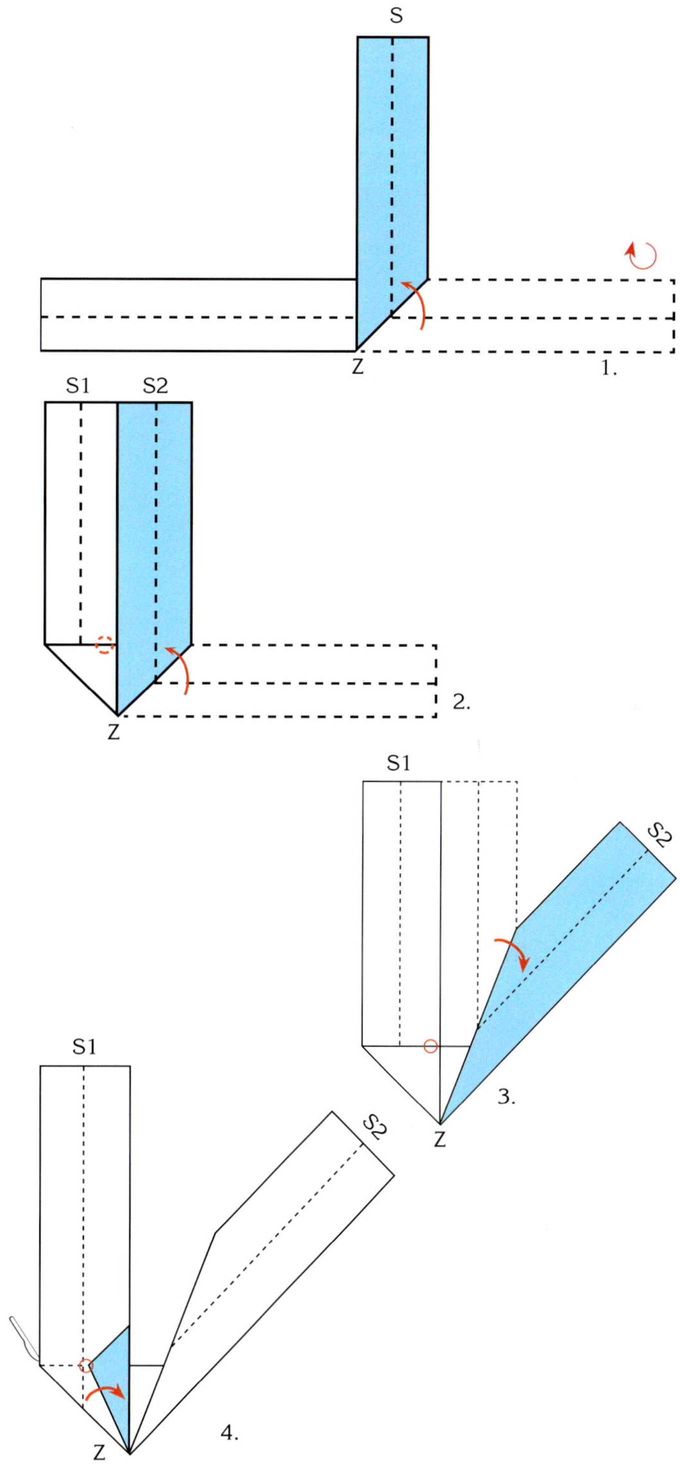

5. Es folgt jetzt das Zusammensetzen der acht Schnitte. (Siehe Grundanleitung Seite 16). Bei diesem Sonderfall liegen dabei die Strahlen paarweise übereinander. Die Zeichnung zeigt nur das Zusammenkleben dreier Schnitte.

Gehen Sie bei diesem Vorgang sorgfältig vor und verwenden Sie wie bei der Montage von «Strahlengeflecht» die Plastikfolie als drehende Unterlage, damit die Strahlenpaare des lockeren Gebildes exakt übereinander bleiben.

Knicken Sie dann die losen Winkel vom Zentrum Bereich nach links zurück, bis sie den Ansatzpunkt der Mittellinie erreichen. Kleben.

Falten Sie jetzt die oberen Strahlen (S1) zurück, sodass einerseits der untere Spitzenwinkel die Kreuzung der Strahlen erreicht und andererseits die linke Kante auf den durchschimmernden Winkel des verdeckten Strahles (S2) ruhen muss. (Die blauen Punkte auf der Zeichnung zeigen diese Stellen).

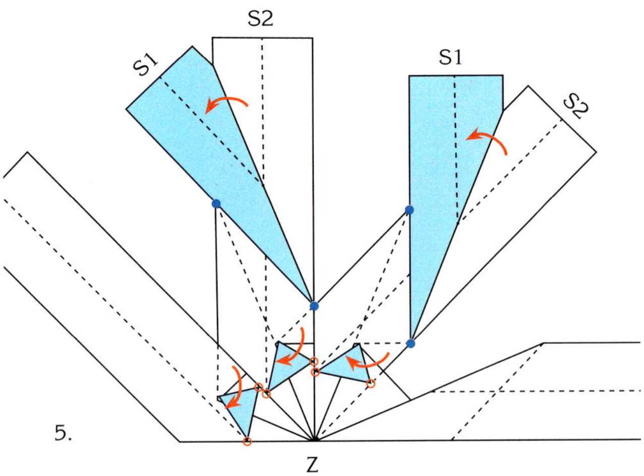

5.

6. Die Eckchen der obersten Strahlen (S1) werden auf die jeweiligen durchschimmernden Kanten zurückgeknickt.

7. Klappen Sie jetzt diese Strahlen (S1) dem Zentrum zu so zurück, wie die Zeichnung es genau veranschaulicht. Kleben. Dann falten Sie die anderen Spitzen (S2). Kleben.

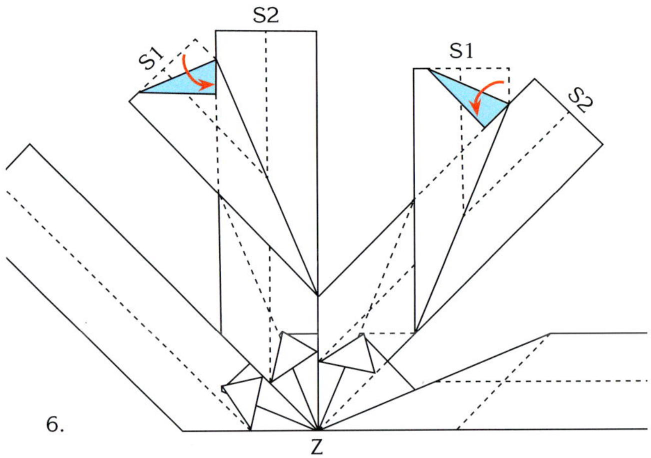

6.

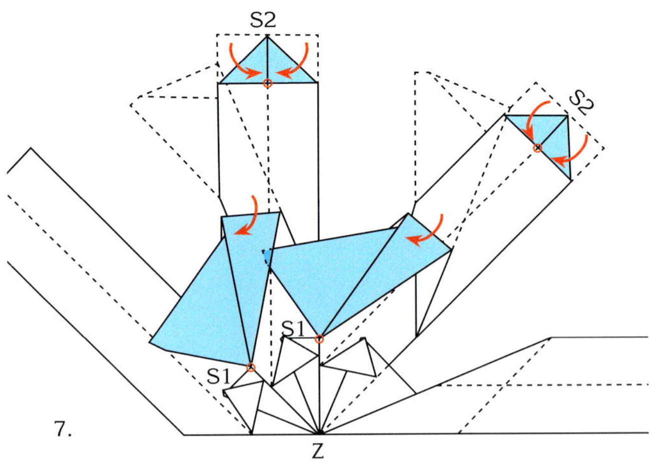

7.

8. – 9. Falten und kleben Sie die Strahlenspitzen (S2) fertig. Zum Schluss bringen Sie dem Sonnengebilde weitere Konsolidierungspünktchen oder Klebestrichen an, wo es sich als nötig erweist.

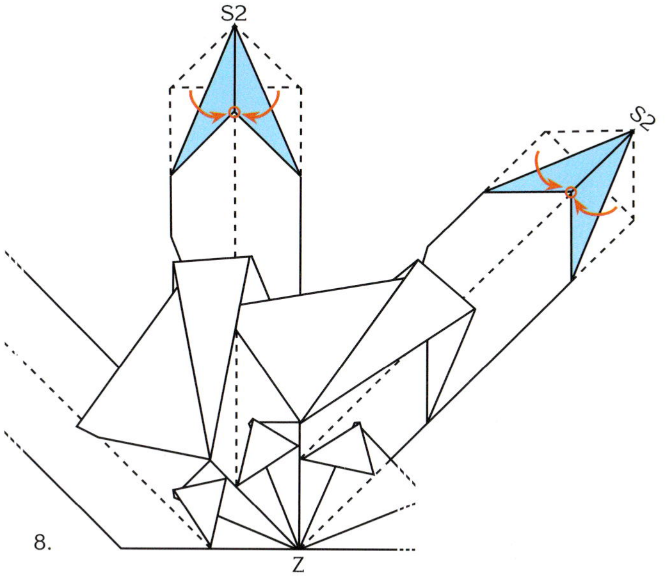


8.

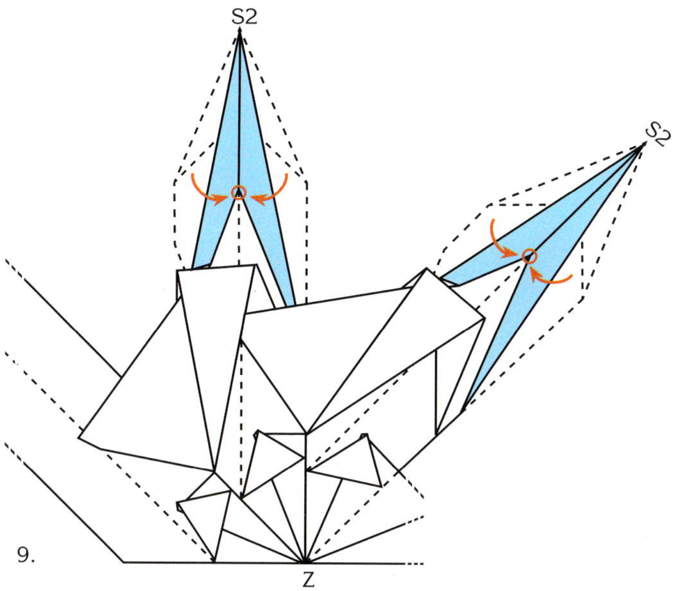


9.

# Windrad ***

Sechzehnstrahlig
ø 45,5cm, Schnitt 16
ø 32 cm, Schnitt 15

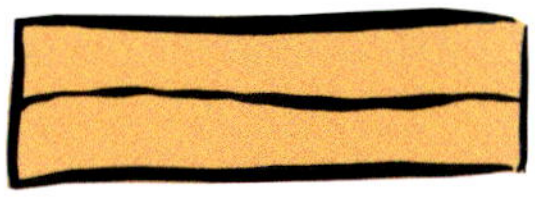

***Dieses langsam drehende Radmotiv regt je nach der ausgesuchten Farbe die Phantasie des Betrachters an, entweder mit dem Wärmeelement, mit der Luft oder mit dem Wasser innerlich mitzuspielen.***

Nimmt man eine warme Seidenpapierfarbe, so lässt sich eher ein Sonnenrad hervorzaubern. Mit einem kühleren Farbton erlebt man mehr das Wasser oder das Luftrad. Wichtig ist, dass die Farbe nicht zu dunkel sein sollte, damit dieses Erlebnis der leichten rollenden Treibkraft noch wirksam bleibt.

Nehmen Sie acht längliche Rechtecke nach Schnitt 15 oder 16. **Halbieren Sie diese Schnitte**, damit Sie sechzehn Bänder (von 17,5cm lang auf 4,16cm breit für die Schnittgröße 15 oder von 25cm lang auf 5,8cm breit für die Schnittgröße 16) bekommen. Bilden Sie dann die lange Mittellinie.

1. – 3. Falten Sie erst die Spitze (S) wie angezeigt. Kleben. **Kehren Sie danach den Schnitt um!**

4. Weiter nach der Zeichnung falten.

5. Jetzt kommt die Drehung: Halten Sie also mit der rechten Hand das Zentrum (Z) fest und knicken Sie mit der linken Hand die Spitze (S) nach oben rechts so um, dass ihre linke Kante die zwei entgegengesetzten Ecken von (Z) und von (S) antrifft, ohne diese zu überschreiten. (Mit zwei Punkten • auf der Zeichnung angedeutet). Wenn Sie ein flaches Lineal quer auf den Schnitt zwischen diesen Punkten legen, können Sie auch diese Falte schnell und sauber bilden.
Um ein regelmäßiges und damit harmonisches drehendes Rad zu bekommen, ist es ratsam, den gleichen Abstand bei der rechten Kante der einzelnen Strahlen zu prüfen (Siehe Pfeilangaben auf der Zeichnung) und dementsprechend die Faltung eventuell zu verbessern. Erst dann den Klebepunkt anbringen.

6. Falten und kleben Sie das Zentrum (Z).

Das Zusammensetzen der sechzehn fertigen Schnitte erfolgt wie bei den achtstrahligen Transparenten. (Siehe Grundanleitung, Seite 17) Weil die Strahlen ganz weich sind, ist es notwendig, mit langen Klebstoffstrichen den mittleren Teil zu befestigen.

Bevor Sie das Windrad (oder Sonnenrad) ans Fenster kleben, müssen Sie hinter jeder Strahlenspitze die kurzen Klebefilmstreifen anbringen. Befestigen Sie dann Ihr Transparent an der Scheibe so, dass Sie erst von der Mitte ausgehen und dann die Strahlen im Kreis herum gleichmäßig ordnen.

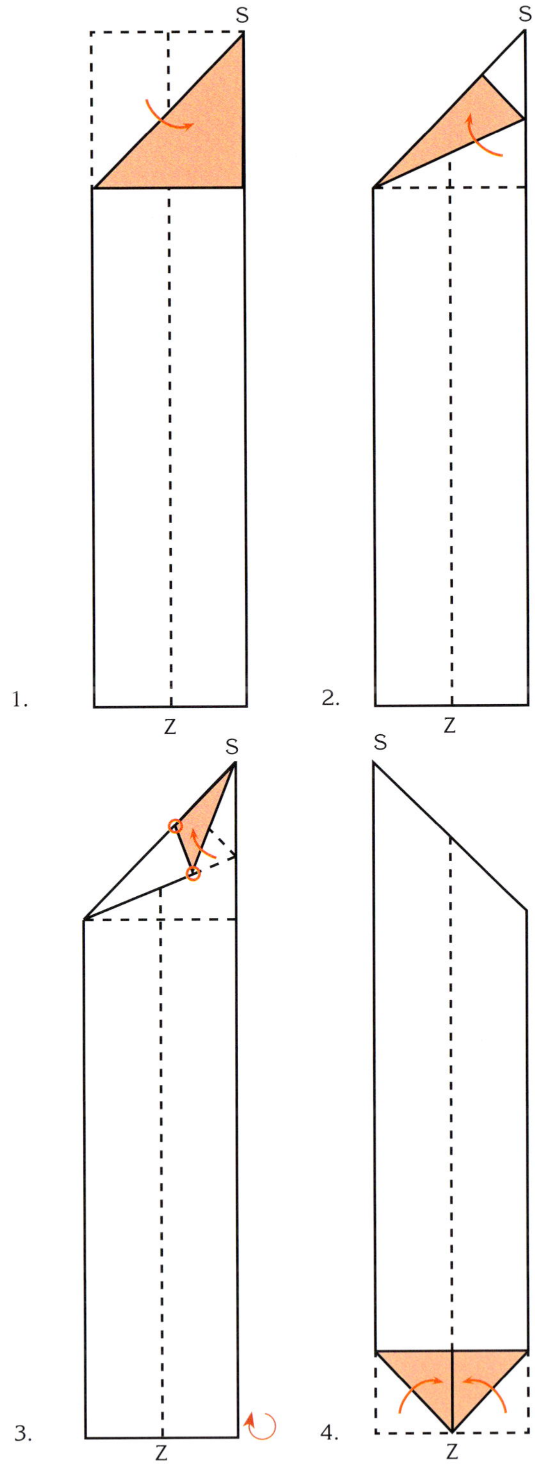

5.

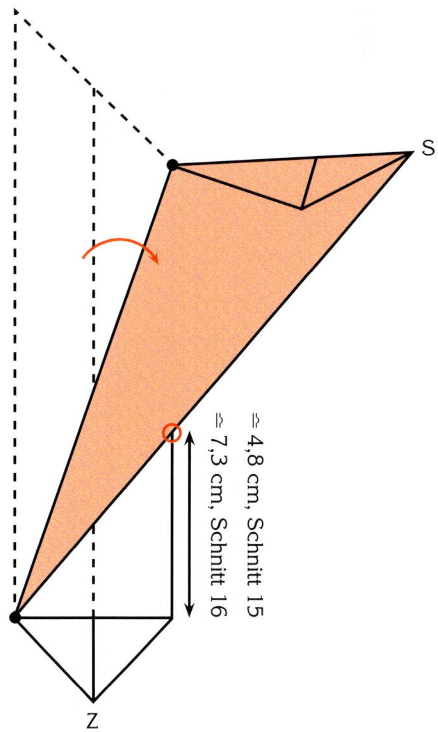


6.

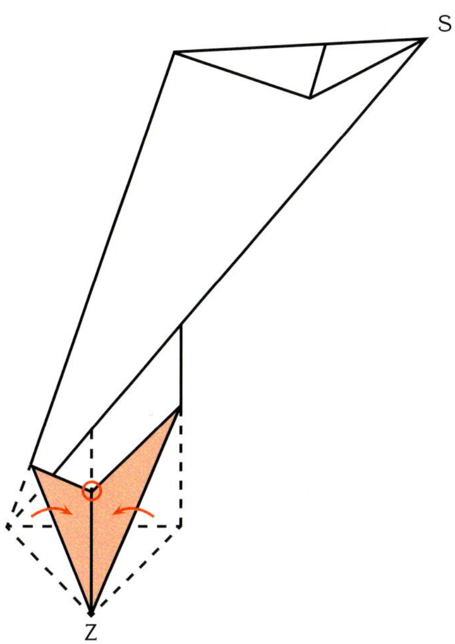

# Abendsonne ****

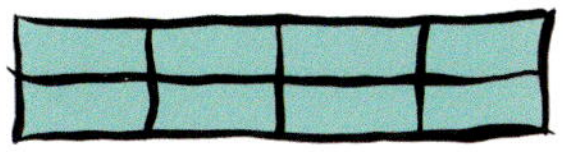

Sechzehnstrahlig
ø 43,5 cm, Schnitt 7

***Nach einem warmen Sommertag triumphiert noch am Horizont diese untergehende Sonnenscheibe. Majestätisch und malerisch gleitet sie farbenflutend mit einer ruhigen Bewegung langsam herab.***

Um diese langsame bis in das Zentrum hinein saugende Strudelbewegung zu unterstützen, werden wir zwei zusammenpassende Seidenpapierfarben nehmen. Beispielsweise lassen sich ein blasses Rosa für die inneren Strahlen und ein sanftes Gelb für die äußeren Strahlen gut zusammenbringen. Am eindrucksvollsten wird diese Sonne wirken, wenn Sie das Papier vor dem Zuschnitt nass beleben. Das erreichen Sie, wenn Sie ein halbes gelbes Blatt zwischen ein in zwei gefaltetes rosa Großblatt legen, um dann mit dem voll durchnässten Schwämmchen die Papierschicht an vielen beliebigen Stellen stark zu imprägnieren. Diesen Vorgang kann man auch auf der Rückseite genauso wiederholen (siehe Angaben Seite 11).

Für die äußeren Strahlen brauchen Sie ein ganzes Blatt, für die inneren Strahlen dagegen nur ein halbes Blatt. Insgesamt benötigen Sie also 24 lange Rechtecke nach Schnitt 7. Falten Sie erst alle Schnitte zweimal hintereinander in die Länge. Fest kniffen und öffnen. Sie erhalten drei deutliche Vertikallinien.

Nehmen Sie die 8 Schnitte (vom halben Blatt), deren Farbe Sie für die Gestaltung der inneren Strahlen am Zentrum (Z) reserviert haben. Halbieren Sie diese 8 Schnitte mit dem Messer, um 16 kürzere Rechtecke (beim Nachprüfen ergibt sich: 17,5 cm x 6,2 cm) zu bekommen.

Bilden Sie jetzt die horizontale Mittellinie für alle 32 Schnitte (16 lange für außen und 16 kurze für innen).

***Für die 16 langen äußeren Strahlen:***

1. Legen Sie die rechte untere Kante auf die nächste Vertikallinie. **Kehren Sie Ihren Schnitt um.**

2. Auf der Kehrseite legen Sie den langen Schnittteil nach oben auf dieselbe Vertikallinie. **Den Schnitt wieder umkehren.**

***Für die 16 kurzen inneren Strahlen:***

3. Gehen Sie jetzt zu den kleinen Schnitten über und falten Sie nach der Zeichnung.

4. Nun bringen Sie jeweils zwei Schnitte unterschiedlicher Länge zusammen, indem der kurze in den großen hineingesteckt wird, so wie die Zeichnung es zeigt: Zentrum auf Zentrum sowie linke Außenkante auf die Mittellinie des langen Schnittes. Dabei wird der rechte untere Teil des kurzen Schnittes mit dem anderen bedeckt. Die drei angegebenen Klebepunkte anbringen.

5. Drei Vorbereitungsfalten: die drei abgestuften Oberkanten auf die rechten Kanten legen und wieder öffnen.

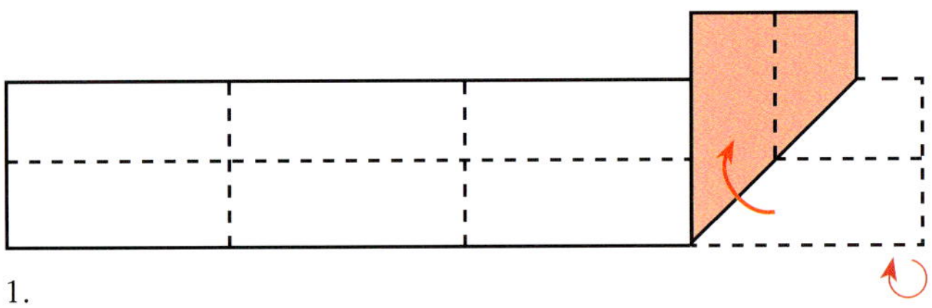

1.

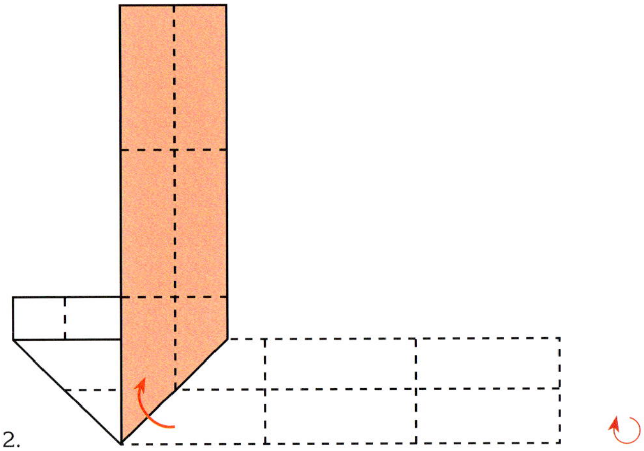

2.

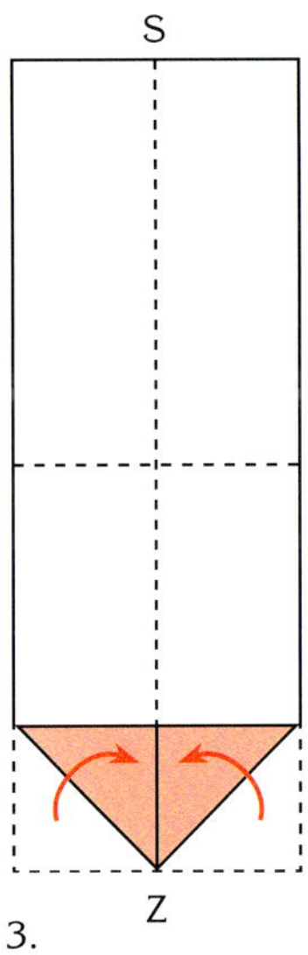


3.

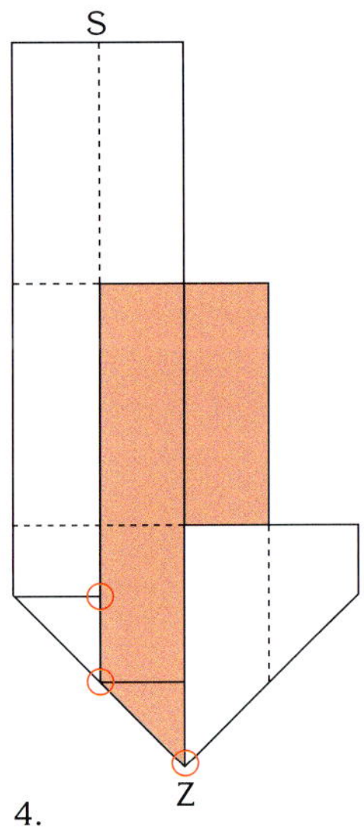


4.

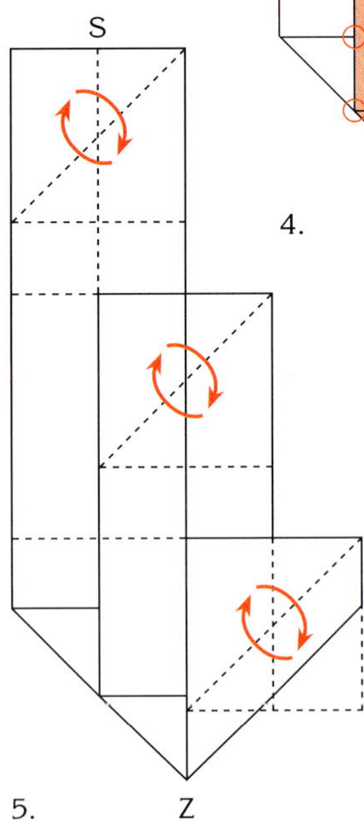


5.

6. – 7. Falten Sie den Zeichnungen entsprechend. Danach bringen Sie die acht Klebepunkte an. Mit einer Rasierklinge schlitzen Sie die in Rot angedeutete linke Kante vom langen Schnitt vorsichtig auf.

8. Legen Sie zuerst den rechten Abschnitt nach außen flach. Bilden Sie die zwei kleinen Falten nach demselben Prinzip wie Schritt 6 und 7. Die vier Klebepunkte anbringen.

9. Schließen Sie erst den rechten Abschnitt so, dass seine äußerste Ecke auf die Mittellinie geklebt wird. Dann senken Sie die nächste Spitze herab und kleben Sie auch daran.

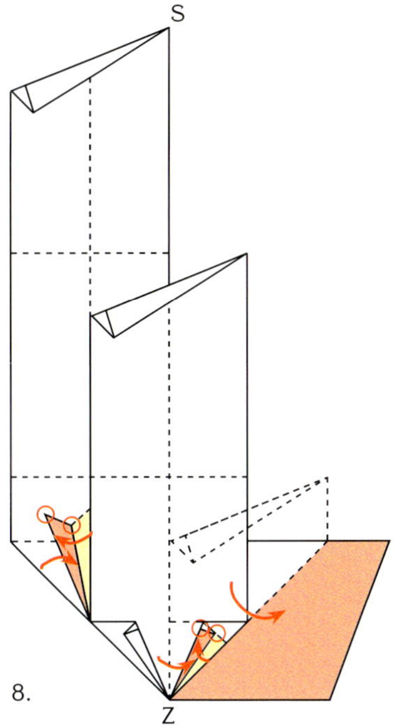

8.

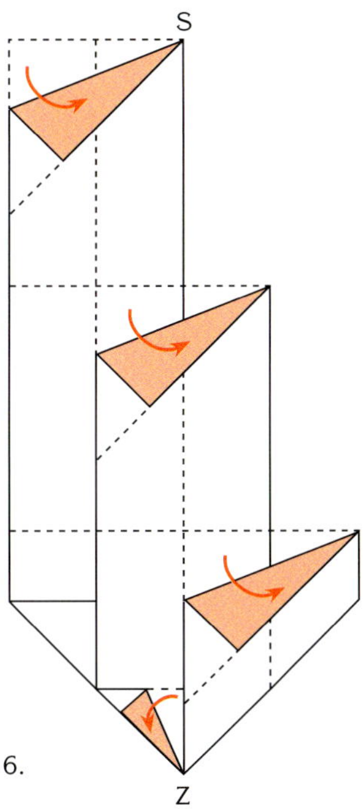

6.

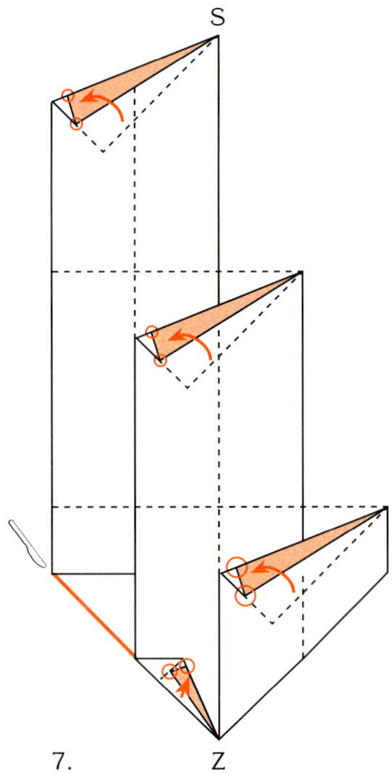

7.

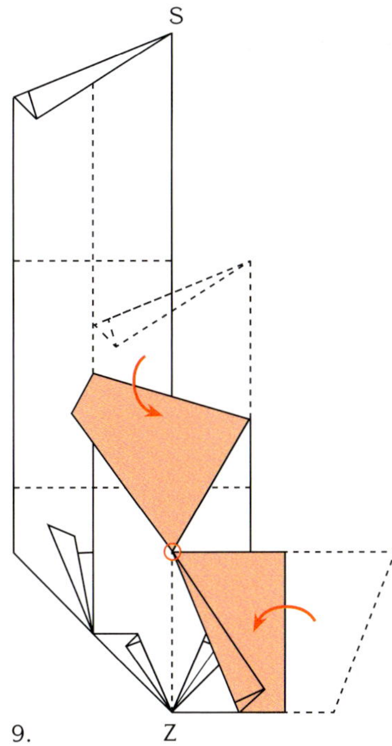

9.

10. Bevor Sie die obere Spitze (S) gemäß der Zeichnung herabsenken, müssen sie erst ihren Stützpunkt suchen. Bilden Sie also zuvor die Vorbereitungsfalte mit dem mittleren linken Eckchen. Genau an dessen Stelle legen Sie die Spitze (S) an. Lassen Sie dann dieses Hilfseckchen wieder frei und bringen Sie zuletzt die zwei Klebepunkte an. **Kehren Sie dann den Schnitt um!**

11. Schlitzen Sie mit der Rasierklinge die ganze untere linke Kante der Schnittkehrseite auf (in Rot angedeutet). Die linke Ecke ankleben. Knicken Sie dann den frei gewordenen Winkel der oberen Papierschicht auf die durchschimmernde unterste Schrägkante zurück.

12. Die letzte untere Falte weiterbilden. Das Eckchen der hinteren Schicht zurückknicken. Kleben.
**Kehren Sie danach den fertigen Schnitt auf seine Vorderseite um!**

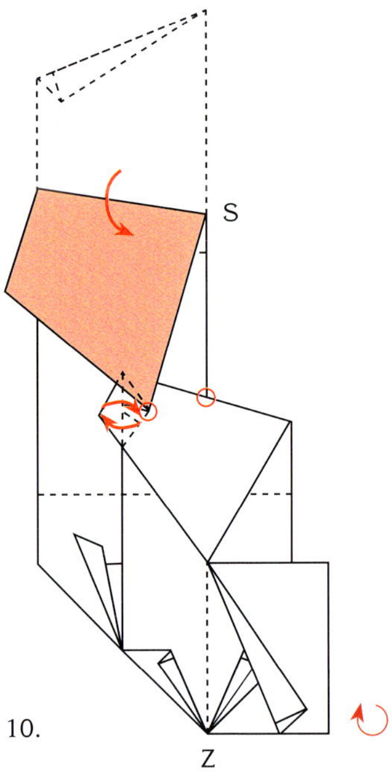

10.

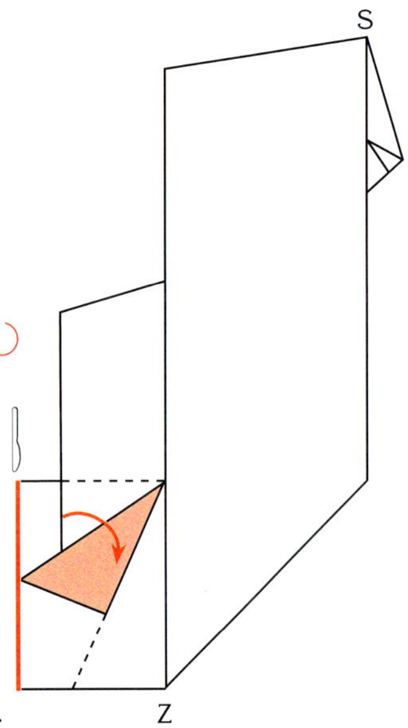

11.

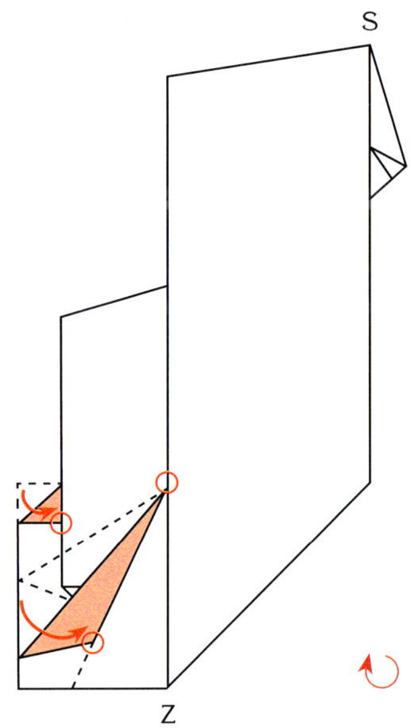

12.

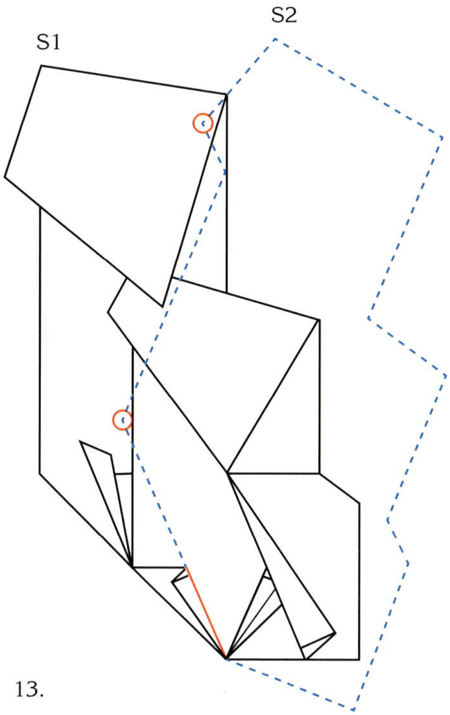


13.

***Das Zusammensetzen der sechzehn Schnitte:***

13. Ansatzweise zeigt die Zeichnung, wie Sie den zweiten Schnitt an die innere linke (Z)-Schrägkante des ersten anlehnen müssen (mit roter Linie verdeutlicht). Damit die Papierschichten schön glatt bleiben, legen Sie während des Klebens Ihre andere Hand auf die gesamte Schnittfläche flach. Transparent mit zusätzlichen Klebestrichen stabilisieren.

Frédérique Guéret
**Zauberhafte Fenstersterne**
aus Seidenpapier
93 Seiten, mit zahlreichen Farbfotos, gebunden
ISBN 3-7725-2223-8

Aus farbigem Seidenpapier lassen sich, ohne Ausmessen mit Lineal und Stift, mit Hilfe der von Frédérique Guéret neu entwickelten Falttechnik zauberhafte Fenstersterne herstellen, die zu jeder Jahreszeit ein leuchtender Schmuck sein können. Die Autorin zeigt außerdem, wie sich die Transparente verzieren lassen, indem mit nassem Schwamm oder Pinsel zusätzliche Akzente gesetzt werden, die je nach Lichteinfall eine marmorierte Struktur entstehen lassen. Die Modelle sind in unterschiedliche Schwierigkeitsgrade unterteilt, sodass Anfänger wie Fortgeschrittene geeignete Anregungen finden.

*Verlag Freies Geistesleben*

Helga Meyerbröker
**Transparente Bilder und Rosetten**
Basteln mit Seidenpapier
77 Seiten, gebunden
ISBN 3-7725-1499-5

Farbenspiele im Gegenlicht haben die Menschen schon vor vielen Jahrhunderten erfreut. Noch heute bewundern wir die großen Schöpfungen in den farbigen Glasfenstern der gotischen Kathedralen. Diese einmaligen Kunstwerke gaben den Anlass zu den hier gezeigten Dekorationen aus transparentem Seidenpapier. Das Zusammenspiel der leuchtenden Farbtöne und die Vielfalt der Formen sind geradezu ein Sinnbild für Harmonie und Imagination. Neben einfachen und komplizierten Rosetten und Sternen werden auch anregende Beispiele für Märchenbilder aus farbigem Seidenpapier gezeigt.

*Verlag Freies Geistesleben*

Thomas Berger
**Jahreszeitenschmuck**
120 Seiten, gebunden
ISBN 3-7725-1950-4

Zu jeder Jahreszeit der passende Schmuck, der die Jahresfeste zu etwas Besonderem werden lässt: In diesem Buch finden Sie die schönsten Vorschläge zum Basteln aus den drei vorhergehenden Büchern «Weihnachten», «Frühjahrsschmuck» und «Herbstschmuck» vereinigt.

*Verlag Freies Geistesleben*